El porvenir de España

Miguel de Unamuno
Ángel Ganivet

El porvenir de España

1898

EL ARTE DE PENSAR

Edita: Editorial Doble J, S.L.
C/ Concepción, 9-3
41003 Sevilla
Teléfono / fax: (0034) 954 41 53 68
www.culturamoderna.com
editorialdoblej@editorialdoblej.com
ISBN: 978-84-96875-20-3

Índice

Aclaraciones previas
Miguel de Unamuno 1
De Miguel de Unamuno a Ángel Ganivet 1
De Ángel Ganivet a Miguel de Unamuno 15
De Miguel de Unamuno a Ángel Ganivet 35
De Ángel Ganivet a Miguel de Unamuno 55

Aclaraciones previas
Miguel de Unamuno

Conocí a Angel Ganivet en la primavera de 1891 hallándonos ambos en Madrid con el fin de hacer oposiciones a cátedras de griego, yo a esta de Salamanca que profeso, y él a una de Granada. El Tribunal, presidido por mi venerado Maestro D. Marcelino Menéndez y Pelayo, era el mismo para las dos oposiciones, pero los ejercicios eran distintos; primero, los de la cátedra de Salamanca, y después, los de Granada. Ganivet asistió a mis ejercicios todos y yo a los suyos, y todos los días de aquellos alegres y claros de Mayo y Junio, nos reuníamos después de almorzar en el café, y después de haber concluido los ejercicios, a media tarde, nos íbamos a tomar sendos helados -de que, como yo, era goloso- a una horchatería de la Carrera de San Jerónimo y desde allí al Retiro.

Tenía yo entonces veintisiete años aún no cumplidos y era Ganivet algo más que un año más joven que yo. El por aquel tiempo hablaba mucho menos que me han dicho hablaba después, y yo hablaba tanto o más, que he seguido hablando, y era yo, por lo tanto, quien de ordinario llevaba la palabra. Pero sus observaciones e interrupciones eran agudas y sutiles, aunque creo recordar que no siempre congruentes. De lo que más hago memoria es de las cosas que de los gitanos de Granada me contaba, y él escribió más tarde, recordar unas ranas algo antropomórficas que solía dibujar yo en la mesa del café, pues por aquel tiempo me entró el capricho, sugerido por un dibujo japonés, de ilustrar la Batracomiomaquía, para lo que me había provisto de ranas, a las que con una especie de potro, colocaba en posturas humanas, tomando luego apuntes del natural de ellas.

Después de una compañía cotidiana de más de mes y medio, reuniéndonos y conversando día a día, Ganivet y yo nos separamos, yo para venir a mi cátedra de Salamanca, y él, pues no le dieron la de Granada, que se llevó D. José Alemany, muy excelente helenista hoy, para ir a vivir la vida de Pío Cid y a prepararse a oposiciones al Cuerpo consular. Y pasó el tiempo, y yo, justo es decirlo, llegué casi a olvidar a aquel granadino parco en palabras que durante mes y medio me sirvió a diario de ¡oh, amado Teótimo! para ejercer mi instinto de charla.

Algunos años después de esto, hacia 1896, hallándose en ésta de Catedrático de Derecho civil mi muy querido amigo el granadino D. José María Segura, uno de los hombres más simpáticos y de los conversadores

II

más amenos e ingeniosos que he conocido, me dijo si no me acordaba de un cierto Angel Ganivet a quien en Madrid había conocido y me dio unas correspondencias escritas por éste desde Gante a El Defensor de Granada. Las leí y me encontré con otro hombre que el que en nuestras conversaciones se me había mostrado. Le escribí, me contestó y trabamos una nueva relación, ésta epistolar, que no se interrumpió hasta pocos días antes de su misteriosa y tal vez trágica muerte en que me escribió su última carta de nuestra correspondencia, una carta desolada y trágica. Porque yo no sé bien lo que escribiría a otros, pero en las cartas que a mí me escribió, el trágico problema de ultratumba palpitaba siempre.

De ésta nuestra correspondencia, que duró dos años, nació la idea de cambiar cartas abiertas y públicas en El Defensor de Granada en que expusiéramos los dos nuestros respectivos puntos de vista por entonces referentes al porvenir de España, objeto primordial de la preocupación suya y de la mía.

Tal es el origen de estos escritos que hoy publica la Biblioteca Renacimiento.

Como han pasado cerca de catorce años desde que estas cartas abiertas se publicaron y en estos años he cambiado no poco en mi manera de ver y apreciar nuestras cosas yo, por mi parte, habría condenado a no ser jamás reeditada la parte que en este volumen me corresponde, y si he accedido a ello, es sólo para que así resulte más claro y más justificado lo de Ganivet que a lo mío se refiere como lo mío a lo suyo. Quiero, pues, hacer constar que sólo como antecedente o más bien concomitante de una obra de Ganivet dejo que se publique mi parte.

Ni es cosa tampoco, me parece, de que me ponga ahora aquí a señalar aquellos puntos en que ratificaría y aquellos otros en que rectificaría o refutaría hoy mis opiniones de entonces. La conducta de todo hombre que de veras vive y no es esclavo de una embrutecedora y tiránica consecuencia, es una continuación, ratificación y rectificación de su pasado .Y en un escritor basta seguirle. Además, no tengo ahora a la vista el material de este volumen y ni recuerdo tampoco lo que escribí entonces.

Aunque aquí trato de Ganivet he de tratar también, por fuerza, de mí mismo, y el lector ha de permitirme un desahogo, desahogo que dejo se achaque a ese egotismo que algunos me reprochan.

Es el caso que al hablar de Ganivet algunos le han llamado precursor, y de hecho todos somos precursores de los que nos siguen y continuadores de los que nos preceden, pues la cadena humana no se rompe sino para los locos. Ahora, cuando al llamarle precursor se han referido, entre otros, en alguna ocasión a mí, tiene ello un sentido contra el que quiero protestar. Porque si se llama precursor al que muere antes que otro, como Ganivet murió hace más de trece años, y yo, por la gracia de Dios, aún vivo, claro es que me precurrió en la muerte; pero si se aplica al nacimiento natural, yo nací un año, tres meses y catorce días antes que él, y si al nacimiento espiritual, como publicistas, también empecé a escribir antes que él.

Cuando Ganivet publicó su Idearium español, hacía ya algún tiempo que había publicado yo en La España Moderna, en los números de los meses de febrero a junio de 1895, mis cinco ensayos *En torno al casticismo*, en los que se encuentran, en germen unas veces y otras desarrolladas, no pocas ideas del Idearium. Lo que podría comprobar con las cartas mismas que Ganivet me escribió. Es decir, y lo digo redondamente y sin ambajes, que si entre Ganivet y yo hubo influencia mutua fue mucha mayor la mía sobre él que la de él sobre mí.

Esto podrá parecer un pretexto para recriminaciones por carambola, y sobre un muerto venerando, que es peor, y de hecho lo es. Porque sí; de Ganivet, de aquel hombre todo pasión y lealtad, nada sino mucho bueno tengo que decir; pero ya estoy harto de oír que niegan haberme conocido y conversado conmigo los que más me deben -aunque yo también les deba algo— y de ser víctima del robo con asesinato.

No me he dedicado nunca a administrador, con mayores o menores emolumentos de administración, de la gloria ajena ni a exhibir las cartas de altos espíritus que a cambio de las muchas que yo he escrito he recibido; pero guardo el culto de los hombres en uno u otro sentido heroicos con los que he tenido la suerte de encontrarme alguna vez e ir un trecho del brazo por el camino de la vida. Y sé que si Ganivet resucitara aprobaría mi anterior desahogo.

Y hechas estas aclaraciones personales, demasiado personales, en exceso humanas acaso, aquí quedan al lector las cartas abiertas de Ganivet y mías, debiendo repetirle una vez más que por lo que hace a éstas, a las mías, quedan invalidadas por cuanto después he escrito sobre los mismos temas y que hoy por hoy sólo en parte respondo de ellas. Aunque en rigor un escrito una vez publicado no es ya del autor, sino de todo el que lo lea, y habrá de seguro quien se encuentre más de acuerdo con lo que escribí hace catorce años que con lo que escribo yo. Pero no seré éste yo, seguramente.

De lo que me felicito es de poder contribuir a que sea mejor conocido aquel hombre de pasión, de pasión más que de idea, aquel gran sentidor, sentidor más que pensador —lo mismo que Joaquín Costa, otro apasionado y sentidor— en esta tierra en que es pasión y sentimiento y entusiasmo más que ideas y doctrinas lo que falta.

Miguel de Unamuno
Salamanca, Febrero 1912

CARTA ABIERTA DE MIGUEL DE
UNAMUNO A ÁNGEL GANIVET

I

Espero no haya usted dado a completo olvido, amigo y compañero Ganivet, aquellas para mi felices tardes de junio de 1891, en que trabamos unas relaciones demasiado pronto interrumpidas, mucho antes, sin duda, de que llegásemos a conocernos uno a otro más por dentro. Débole por mi parte confesar que, al volver al cabo de los años a saber de usted y al conocerle de nuevo en sus escritos, me he encontrado con un hombre para mi nuevo, y de veras nuevo, un hombre nuevo, como los que tanta falta nos hacen en esta pobre España, ansiosa de renovación espiritual.

Su Idearium español, ha sido una verdadera revelación para mí. Al leerle, me decía: «Torpe de mi, que no le conocí entonces... éste, éste es aquél que tales cosas me dijo de los gitanos una tarde en el café, en libre charla».

Esa libre y ondulante meditación del Idearium, merece, en verdad, no haber despertado en España ni los entusiasmos ni las polémicas que obra análoga hubiese provocado en otro país más dichoso, y lo merece así por la misma merced, por la que mereció abandonar la vida sin haber recibido el premio a que se había hecho acreedor aquel Agatón Tinoco, cuya muerte tan hermosamente usted nos narra. Vale más que su obra haya entrado a paso tan quedo que no el que hubiese hecho rebrotar a su cuenta el centón de sandeces y simplezas aquí de rigor en casos tales.

El Idearium se me presenta como alta roca a cuya cima orean vientos puros, destacándose del pantano de nuestra actual literatura, charca de aguas muertas y estancadas de donde se desprenden los miasmas que tienen sumidos en fiebre palúdica espiritual a nuestros jóvenes intelectuales. No es, por desgracia, ni la insubordinación ni la anarquía lo que, como usted insinúa, domina en nuestras letras; es la ramplonería y la insignificancia que brotan como de manantial de nuestra infilosofía y nuestra irreligión, es el triunfo de todo género que no haga pensar.

En tal estado de cosas, al contacto espiritual con obras tales como su Idearium, se fortifica en el ánimo el santo impulso de la sinceridad, tan cohibida y avergonzada como anda por acá la pobre. Porque entre tantos prestigios de que según dicen necesitamos con urgencia, nadie se acuerda del prestigio de la verdad, ni nadie se para tampoco a reflexionar en que nunca es una verdad más oportuna que cuando menos lo parezca serlo a los que de prudentes se precian y se pasan. En este sentido no conozco en España hombre más oportuno que el señor Pí y Margall. Espera a que la muela le duela para recomendar su extracción.

Oportunísimo es ahora ese su libro de honrada sinceridad, ese valiente Idearium en que afirma usted que «en presencia de la ruina espiritual de España hay que ponerse una piedra en el sitio donde está el corazón y hay que arrojar aunque sea un millón de españoles a los lobos, si no queremos arrojarnos todos a los puercos».

Sí, como usted dice muy bien, España, como Segismundo, fue arrancada de su caverna y lanzada al foco de la vida europea, y «después de muchos y extraordinarios sucesos, que parecen más fantásticos que reales, volvemos a la razón en nuestra antigua caverna, en la que nos hallamos al presente encadenados por nuestra miseria y nuestra pobreza, y preguntamos si toda esa historia fue realidad o fue sueño». Sueño, sueño y nada más que sueño ha sido mucho de eso, tan sueño como la batalla aquella de Villalar, de que usted habla, y que según parece no ha pasado de sueño, y si la hubo, no fue en todo caso más batalla que la de Cavite, que de tal no ha tenido nada.

No está mal que soñemos pero acordándonos, como Segismundo, de que hemos de despertar de este gusto al mejor tiempo, atengámonos a obrar bien.

«pues no se pierde
el hacer bien ni aun en sueños».

Hay otro hermoso símbolo de nuestra España, moribunda, según Salisbury, y es aquel honrado hidalgo manchego Alonso Quijano, que mereció el sobrenombre de Bueno, y que al morir se preparó a nueva vida renunciando a sus locuras y a la vanidad de sus hazañosas empresas, volviendo así su muerte en su provecho lo que había sido en su daño.

Pero de esto y de la necesaria muerte de toda nación en cuanto tal, y de su más probable transformación futura, diré lo que me ocurra en otro capítulo.

Para él dejo la tarea de exponer con entera sinceridad las reflexiones que a su preñado Idearium me ha sugerido acerca del porvenir de los pueblos apremiados en naciones y estados y acerca del porvenir de nuestra España sobre todo. Empezaré por D. Quijote.

II

Don Quijote y su escudero Sancho son en el dualismo armónico que manteniéndolos distintos los unía, símbolo eterno de la humanidad en general y de nuestro pueblo español muy especial. Por lo común, desconociendo el idealismo sancho-pancesco, el alto idealismo del hombre sencillo que quedando cuerdo sigue al loco, y a quien la fe en el loco le da esperanza de ínsula, solemos fijarnos en Don Quijote y rendir culto al quijotismo, sin perjuicio de escarnecerlo cuando por culpa de él nos vemos quebrantados y molidos.

Una enfermedad es trastorno del funcionamiento fisiológico normal, pero rarísima vez destrucción de éste.

La locura, que es trastorno del juicio, lo perturba, pero no lo destruye. Cada loco es loco de su cordura, y sobre el fondo de ésta disparata, conservando al perder el juicio su indestructible carácter y su fondo moral. Así conservó Don Quijote, bajo los desatinos de su fantasía descarriada por los condenados libros, la sanidad moral de Alonso el Bueno, y esta sanidad es lo que hay que buscar en él. Ella le inspiró su hermoso razonamiento a los cabreros; ella le dictó aquellas razones de alta justicia, como usted muy bien indica, amigo Ganivet, en que basó la liberación de los Galeotes.

Pero sucede, por mal de nuestros pecados, que cuando se invoca en España a Don Quijote es siempre que se acomete a molinos de viento, o cuando la trabajamos con pacíficos frailes de San Benito, o para acometer sin razón ni sentido a algún nuevo caballero vizcaíno. Conviene, pues, ver el fondo inmoral de la quijotesca locura.

Las empecatadas lecturas de los mentirosos libros de caballerías, última escoria de aquel híbrido monstruo de paganismo real y cristianismo aparente que se llamó ideal caballeresco; tales lecturas despertaron en el honrado hidalgo la vanidad y la soberbia que duerme en el pozo de toda alma humana. Preocupábase de pasar a la historia y dar qué cantar a los romances; creíase uno de los «ministros de Dios en la tierra y brazos por quien se ejecuta en ella su justicia», y de tal modo le engañó el enemigo que bajo sombra de justicia fue a imponer a los demás su espíritu y a erigirse en árbitro de los hombres. Cuando Vivaldo le argulló el que no se acordasen los caballeros andantes antes de Dios que de su dama, esquivó la definitiva respuesta.

Me llevaría muy lejos el disertar acerca de lo profundamente anti-cristiano e inhumano, por lo tanto, al fin y al cabo, que resultan el ideal caballeresco, el pundonor del duelista, la tan decantada hidalguía y todo heroísmo que olvida el evangélico «no resistáis al mal». Nunca me he convencido de lo religioso del llamado derecho de defensa, como de ninguno de los males, supuestos necesarios, como es la guerra misma. Si el fin del cristianismo no fuese libertarnos de esas necesidades, nada tendría de sobre-humano. A lo imposible hay que tender, que es lo que Jesús nos pidió al decirnos que fuésemos perfectos como su Padre.

Y volviendo a nuestro Quijote, creo yo que las más de las desdichas del español son fruto de sus pecados, como las de todos los pueblos. Nuestro pecado capital fue y sigue siendo el carácter impositivo y un absurdo sentido de la unidad. Mientras otros pueblos se acercaron a éstos ó aquéllos para explotarlos, en lo que sin duda cabe beneficio a la vez que explotación mutuas, nos empeñamos nosotros en imponer nuestro espíritu, creencias e ideales, a gentes de una estructura espiritual muy diferente a la nuestra. En Europa misma combatimos a éstos o a aquéllos porque tenían sobre tal o cual punto tal idea, cuando resulta, en fin de cuenta, que nosotros no teníamos ninguna.

Más de una vez se ha dicho que el español trató de elevar al indio a sí, y esto no es en el fondo más que una imposición de soberanía. El único modo de elevar al prójimo es ayudarle a que sea más él cada vez, a que se depure en su línea propia, no en la nuestra. Vale, sin duda, más un buen guaraní o un tagalo que un mal español. «Colonizar no es ir al negocio, sino civilizar pueblos y dar expansión a las ideas», dice usted. Y yo digo: ¿a qué ideas? Y, además, el ir al negocio, ¿no puede resultar acaso el medio mejor y más práctico de civilizar pueblos? Con nuestro sistema no hemos conseguido ni aun lo que Pío Cid en el reino de Maya. Yo no sé si como ha habido civilización china, asiría, caldea, judaica, griega, romana, etc., cabrá civilización tagala; pero es el hecho que nada hemos puesto por despertarla, contentándonos con provocar entre los indígenas filipinos el fetichismo pseudocristiano.

«No por culpa mía, sino de mi caballo, estoy aquí tendido», gritaba Don Quijote con arrogancia. Así nos sucede a nosotros, tendidos por culpa de los malos gobiernos, después de no haber llevado otro camino que el que quieren éstos, que en ello consiste la fuerza de las aventuras.

Y viendo que no podemos menearnos, acordamos de acogernos a nuestro ordinario remedio, que es pensar en algún paso de nuestros libros de historia, pues todo cuanto pensamos, vemos o imaginamos, nos parece ser hecho y pasar al modo de lo que hemos leído. ¡Esa condenada historia que no nos deja ver lo que hay debajo de ella!

«Hemos tenido, después de períodos sin unidad de carácter, un período hispano-romano, otro hispano-visigótico y otro hispano-árabe; el que les sigue será un período hispano-europeo o hispano-colonial, los primeros de constitución y el último de expansión. Pero no hemos tenido un período español puro, en el cual nuestro espíritu, constituido ya, diere sus frutos en su propio territorio; y por no haberlo tenido, la lógica exige que lo tengamos y que nos esforcemos por ser nosotros los iniciadores».

Esto es pensar con tino, amigo Ganivet. Don Quijote, molido y quebrantado y vencido por el caballero de la Blanca Luna, tiene que volver a su aldea; y desechando ensueños de hacerse pastorcico y de convertir a España en una Arcadia, prepárase a bien morir, renaciendo en el reposado hidalgo Alonso el Bueno.

«¡Verdaderamente se muere y verdaderamente está cuerdo Alonso Quijano el Bueno!» salió exclamando el cura cuando Don Quijote hizo su última confesión de culpas y de locuras. Es lo que debemos aspirar a que de nosotros se diga. ¿Es que tiene acaso que morir España para volver en su juicio?, exclamará alguien. Tiene, sí, que morir Don Quijote para renacer a nueva vida en el sosegado hidalgo que cuide de su lugar, de su propia hacienda. Y si se me arguye que el mismo hidalgo Alonso murió en cuanto volvió a su juicio, diré que creo firmemente que el fin de las naciones en cuanto tales está más próximo de lo que pudiera creerse -que no en vano el socialismo trabaja- y que conviene se prepare cada cual de ellas a aportar al común acervo de los pueblos lo más puro, es decir, lo más cristiano de cada una. De la perfecta cristianización de nuestro pueblo es de lo que se trata.

III

«Duele decirlo, pero hay que decirlo, porque es verdad; después de diez y nueve siglos de apostolado, la idea cristiana pura no ha imperado un sólo día en el mundo.» Ni imperará, amigo Ganivet, mientras haya naciones y con ellas guerras, ni tampoco imperará en España mientras no nos libertemos del pagano moralismo senequista, cuya exterior semejanza con la corteza del cristianismo hasta a usted mismo ha engañado. La nación, como categoría histórica transitoria, es lo que más impide que se depure, espiritualice y cristianice el sentimiento patriótico, desligándose de las cadenas del terruño, y dando lugar al sentimiento de la patria espiritual.

La nación, y la historia con ella, es el capullo que protege la vida del patriotismo en larva; pero si ha de convertirse en mariposa espiritual que se bañe en luz y sea fecunda, tiene que romper y abandonar el capullo.

El desarrollo de esto me llevaría muy lejos y tampoco quiero extractar aquí lo que antes de ahora he escrito acerca de la crisis del patriotismo. Lo que sí haré es tomar nota de la mención que al final de su obra hace usted de Robinsón, el héroe típico de la raza anglosajona.

Con tener, como usted dice, Robinsón su semitismo opaco, no hace sino ganar mucho, y en lo de que carezca su alma de expresión no concuerdo con usted, porque ni es la palabra, ni siquiera la idea, la única expresión del alma. «Los ingleses -dice Carlyle- son un pueblo mudo, pueden llevar a cabo grandes hechos, pero no describirlos». De los griegos en cambio tal vez quepa decir la inversa; toda la grandeza de Aquiles es de Homero.

Don Quijote se creó un mundo ideal que le hizo andar a tajos y mandobles con el real y efectivo y trastornar cuanto tocaba sin enderezar de verdad tuerto alguno, y Robinsón reconstruyó un mundo real y tangible sacándolo de la naturaleza que le rodeaba, allí donde el caballero manchego, sin las alforjas de Sancho se hubiese muerto de hambre, a pesar de jactarse de conocer las yerbas.

Un pueblo nuevo tenemos que hacer nos sacándolo de nuestro propio fondo, Robinsones del espíritu, y ese pueblo hemos de irlo a buscar a nuestra roca viva en el fondo popular que con tanto ahinco explora D. Joaquín Costa, investigador, a la vez que del derecho consuetudinario, de la antigüedad ibérica. No creo un absurdo aquello de la instauración de las costumbres celtibéricas, anteriores a los tiempos de la dominación romana, en que soñaba Pérez Pujol, pero lo que creo más vital es la completa despaganización de España. De los árabes no quiero decir nada, les profeso una profunda antipatía, apenas creo en eso que llaman civilización arábiga y considero su paso por España como la mayor calamidad que hemos padecido.

No ahínca usted en su libro en la concepción religiosa española ni en la obra de su cristianización, y aun me parece que en esto no ha llegado usted a aclarar sus conceptos. Sólo así me explico lo que en la página 23 dice usted de la Reforma, juzgándola con notoria injusticia y a mi entender con algún desconocimiento de su última esencia, así como del «verdadero sentido del cristianismo», que ha de hallarse en la fe que permanece bajo las disputas de los hombres. Así me explico también que al principiar su libro confunda usted el dogma de la Concepción Inmaculada con el de la virginidad de la madre de Jesús.

Es una lástima el que los espíritus más geniales, más vigorosos, más sinceros y más elevados de nuestra patria no hayan trabajado lo debido sus concepciones y sentimientos religiosos, y que en este país, que se precia de muy católico, sea general la semi-ignorancia en cuanto al catolicismo y su esencia, aun entre los teólogos. La llamada fe implícita ha tomado un des arrollo que debe espantar a toda alma sinceramente cristiana.

Es menester que nos penetremos de que no hay reino de Dios y justicia sino en la paz, en la paz a todo trance y en todo caso, y que sólo removiendo todo lo que pudiere dar ocasión a guerra es como buscaremos el reino de Dios y su justicia, y se nos dará todo lo demás de añadidura.

Y no prosigo ni despliego por ahora las ideas que acabo de apuntar, por que espero hacerlo con mayor sosiego, Ya sé que se las tachará de pura utopía.

¡Utopías! ¡Utopías! Es lo que más falta nos hace, utopías y utopistas. Las utopías son la sal de la vida del espíritu, y los utopistas, como los caballos de carrera, mantienen, por el cruce espiritual, pura la casta de los utilísimos pensadores de silla, de tiro o de noria. Por ver en usted, amigo Ganivet, un utopista, le creo uno de esos hombres verdaderamente nuevos que tanta falta nos están haciendo en España.

Carta abierta de Ángel Ganivet
a Miguel de Unamuno

I

No he olvidado, amigo y compañero Unamuno, aquellas tardes que usted me recuerda ni aquellas charlas de café, ni aquellos paseos por la Castellana, cuando con el ardor y la buena fe de estudiantes, recién salidos de las aulas, reformábamos nuestro país a nuestro antojo. Recuerdo aún sus proyectos de entonces, entre los cuales el que más me interesó era el de publicar la Batracomiomaquía de Homero (o de quien sea), con ilustraciones de usted mismo, que para salir con lucimiento de su ardua empresa, estudiaba a fondo la anatomía de los ratones y de las ranas. ¿Qué fue de aquella afición? Sobre la mesa de mármol del café me pintó usted una rana, con tan consumada maestría, que no la he podido olvidar; aún la veo, que me mira fijamente, como si quisiera comerme con los ojos saltones.

Han pasado siete años, que para usted han sido de estudios, y para mí de zarandeo y vagancia, salvo alguna que otra cosilla que he escrito para desahogarme; pero la amistad intelectual, aunque se forme en cuatro ratos de conversación, es tan duradera y firme, que en cuanto usted ha leído un libro mío y ha sabido por él que no me he muerto, ha pensado reavivarla con las tres bellísimas cartas que me envió, publicándolas en El Defensor, para que no se perdieran por el camino. Me encuentra usted completamente cambiado, y yo tampoco le hallo en el mismo punto en que le dejé. Por algo somos hombres y no piedras. Hay quien de la consecuencia hace una virtud, sin fijarse en que la consecuencia del que no piensa participa mucho de la estupidez. La principal virtud es que cada uno trabaje con su propio cerebro. Si trabajando así es consecuente consigo mismo, tanto mejor.

Lo que más me gusta en sus cartas es que me traen recuerdos e ideas de un buen amigo como usted, con quien me hallo casi de acuerdo, sin que ninguno de los dos hayamos pretendido estar acordes. Lo estamos por casualidad, que es cuanto se puede apetecer, y lo estamos aunque sentimos de modo muy diferente. Usted habla de «despaganizar» a España, de libertarla del «pagano moralismo senequista», y yo soy entusiasta admirador de Séneca; usted profesa antipatía a los árabes, y yo les tengo mucho afecto, sin poderlo remediar. Conste, sin embargo, que mi afecto terminará el día que mis antiguos paisanos acepten el sistema parlamentario y se dediquen a montar en bicicleta.

Usted, amigo Unamuno, desciende en línea recta de aquellos esforzados y tenaces vascones, que jamás quisieron sufrir ancas de nadie; que lucharon contra los romanos, y sólo se sometieron a ellos por fórmula; que no vieron hollado su suelo por la planta de los árabes; que están todavía con el fusil al hombro para defender las libertades modernas, que ellos toman por cosa de farándula. Así se han conservado puros, aferrados al espíritu radical de la nación. Por esto habla usted de la instauración de las costumbres celtibéricas, y cree que el mejor camino para formar un pueblo nuevo en España, es el que Pérez Pujol y Costa han abierto con sus investigaciones. Yo, en cambio, he nacido en la ciudad más cruzada de España, en un pueblo que antes de ser español fue moro, romano y fenicio. Tengo sangre de lemosín, árabe, castellano y murciano, y me hago por necesidad solidario de todas las atrocidades y aun crímenes que los invasores cometieron en nuestro territorio. Si usted suprime a los romanos y a los árabes, no queda de mí quizás más que las piernas; me mata usted sin querer, amigo Unamuno.

Pero lo importante es que usted, aunque sea a regañadientes, reconozca la realidad de las influencias que han obrado sobre el espíritu originario de España; porque hay quien lleva su exclusivismo hasta a negarlas; quien cree ya extirpadas las raíces del paganismo, y quien afirma que los árabes pasaron sin dejar huella; sueñan que somos una nación cristiana, cuando el cristianismo en España, como en Europa, no ha llegado todavía a moderar ni el régimen de fuerza en que vivimos, heredado de Roma, ni el espíritu caballeresco que se formó durante la Edad Media, en las luchas por la religión. La influencia mayor que sufrió España, después de la predicación del cristianismo, la que dio vida a nuestro espíritu quijotesco, fue la arábiga. Convirtiendo nuestro suelo en escenario, donde diariamente se representó, siglo tras siglo, la tragedia de la Reconquista, los espectadores hubieron de habituarse a la idea de que el mundo era el, campo de un torneo, abierto a cuantos quisieran probar la fuerza de su brazo. La transformación psicológica de una nación por los hechos de su historia, es tan inevitable como la evolución de las ideas del hombre, merced a las sensaciones que va ofreciéndole la vida. Y el principio fundamental del arte político ha de ser la fijación exacta del punto a que ha llegado el espíritu nacional. Esto es lo que se pregunta de vez en cuando al pueblo en los comicios, sin que el pueblo conteste nunca, por la razón concluyente de que no lo sabe ni es posible que lo sepa. Quien lo debe de saber es quien gobierna, quien por esto mismo conviene que sea más psicólogo que orador, más hábil para ahondar en el pueblo que para atraérselo con discursos sonoros.

He aquí una reforma política grande y oportuna. ¿Quién sabe si dedicados algún tiempo a la meditación psicológica, descubriríamos ¡oh grata sorpresa! que la vida exterior que hoy arrastra nuestro país no tiene nada que ver con su vida íntima, inexplorada? Yo creo a ratos que las dos grandes fuerzas de España, la que tira para atrás y la que corre hacia adelante, van dislocadas por no querer entenderse, y de esta discordia se aprovecha el ejército neutral de los ramplones para hacer su agosto; y a ratos pienso también que nuestro país no es lo que aparece, y sé me ocurre compararlo con un hombre de genio que hubiera tenido la ocurrencia de disfrazarse con careta de burro para dar a sus amigos una broma pesada.

II

La comparación de que me valí para explicar cómo entiendo yo la influencia arábiga en España, sirve asimismo para comprender el desarrollo de las ideas del hombre. Lo que usted recuerda mejor de mí, al cabo de siete años, es que yo le hablé de los gitanos. ¿Qué casta de pájaro será éste (pensaría usted), que parece interesarse más por las costumbres gitanescas que por las ciencias y artes que le habrán enseñado en la Universidad? Todo se explica, sin embargo, querido compañero, porque yo viví muchos años en la vecindad de la célebre gitanería granadina.

También le diré que el concepto de las ideas «redondas» que me sirvió de criterio para escribir el Idearium, me lo sugirió mi primer oficio. Yo he sido molinero, y a fuerza de ver cómo las piedras andan y muelen sin salirse nunca de su centro, se me ocurrió pensar que la idea debe de ser semejante a la muela del molino, que sin cambiar de sitio da harina, y con ella el pan que nos nutre, en vez de ser como son las ideas en España, ideas «picudas», proyectiles ciegos que no se sabe a dónde van, y van siempre a hacer daño.

Mientras en España no existan hábitos intelectuales y se corra el riesgo de que las ideas nobles se desvirtúen y conviertan en armas de sectario, hay que ser prudentes. La sinceridad no obliga a decirlo todo, sino a que lo que se dice sea lo que se piensa. Por esto encuentra usted obscuros mis conceptos en materia de religión; no sería así si yo hubiera puesto en mi libro una idea que se me ocurrió y que suprimí, porque si no era picuda por completo, tampoco era redonda del todo; era algo esquinada la infeliz y lo sigue siendo. Esta idea es la de adaptar el catolicismo a nuestro territorio, para ser cristianos españoles. Pero bastaría apuntar la idea para que se pensara a seguida en iglesias disidentes, religión nacional, jansenismo y demás lugares del repertorio; y nada se adelantaría con decir que lo uno nada tiene, que ver con lo otro, porque al decirlo por adelantado, se daría pie para que pensaran peor aún. Sin embargo, en filosofía dije claramente que era útil romper la unidad, y en religión llegué a decir que, en cuanto en el cristianismo cabe ser original, España había creado el cristianismo más original.

Lo más permanente en un país es el espíritu del territorio. El hecho más trascendental de nuestra historia es el que se atribuye a Hércules, cuando vino y de un porrazo nos separó de Africa; y este hecho no está comprobado por documentos fehacientes. Todo cuanto viene de fuera a un país, ha de acomodarse al espíritu del territorio si quiere ejercer una influencia real.

Este criterio no es particularista; al contrario, es universal, puesto que si existe un medio de conseguir la verdadera fraternidad humana, éste no es el de unir a los hombres debajo de organizaciones artificiosas, sino el de afirmar la personalidad de cada uno y enlazar las ideas diferentes por la concordia y las opuestas por la tolerancia. Todo lo que no sea esto es tiranía, tiranía material que rebaja al hombre a la condición de esclavo y tiranía ideal que le convierte en hipócrita. Mejor es que usted y yo tengamos ideas distintas que no que yo acepte las de usted por pereza o ignorancia; mejor es que en España haya quince o veinte núcleos intelectuales, si se quiere antagónicos, que no que la nación sea un desierto y la capital atraiga a sí las fuerzas nacionales, acaso para anularlas; y mejor es que cada país conciba el cristianismo con su espíritu propio, así como lo expresa en su propia lengua, que no se someta a una norma convencional. No debe satisfacernos la unidad exterior, debemos buscar la unidad fecunda, la que resume aspectos originales de una misma realidad.

Esto parecerá vago, pero tiene multitud de aplicaciones prácticas, de las que citaré algunas para precisar más la idea. El socialismo tiene en España adeptos que propagan estas o aquellas doctrinas de este o aquel apóstol de la escuela. ¿No hay acaso en España tradición socialista? ¿No es posible tener un socialismo español? Porque pudiera ocurrir, como ocurre, en efecto, que en las antiguas comunidades religiosas y civiles de España estuviera ya realizado mucho de lo que hoy se presenta corno última novedad. Creo, pues, más útiles y sensatos los estudios del señor Costa, de quien usted hablaba con justo elogio, que los discursos de muchos propagandistas que aspiran a reformar a España sin conocerla bien.

En filosofía asistimos ahora a la rehabilitación de la escolástica, en su principal representación, la tomista. El movimiento comenzó en Italia y de allí ha venido a España, como si España no tuviera su propia filosofía. Se dirá que nuestros grandes escritores místicos no ofrecen un cuerpo de doctrina tan regular, según la pedagogía clásica, como el tomismo; quizá sea éste más útil para las artes de la controversia y para ganar puestos por oposición. Pero ni sería tan difícil formar ese cuerpo de doctrina, ni se debe pensar en los detalles cuando a lo que se debe atender es a lo espiritual, íntimo, subjetivo y aun artístico de la filosofía, cuyo principal mérito está acaso en que carece de organización doctrinal.

Aun en los más altos conceptos de la religión creo que es posible marcar el genio de cada pueblo; aun en los dogmas. Usted me hace notar la confusión dogmática que parece desprenderse de la primera idea de mi libro; antes que usted, me lo dijeron otros amigos, y antes que el libro se imprimiera, alguien me aconsejó que la suprimiera, y yo estuve casi tentado de hacerlo, más que por el error que en ella pudiera verse, por no dar a algún lector una mala impresión en las primeras líneas. Y, sin embargo, no la suprimí. ¿Por testarudez? —se pensará—. No fue sino porque veía en esa idea una idea muy española. El dogma de la Inmaculada Concepción se refiere, es cierto, al pecado original; pero al borrar este último pecado da a entender la suma pureza y santidad. El dogma literal se presta además a esa amplia interpretación, porque las palabras «Concebida sin mancha» dicen al alma del pueblo dos cosas: que la Virgen fue concebida sin mancha; y que es concebida sin mancha eternamente por el espíritu humano. Hay el hecho de la Concepción real y el fenómeno de la concepción ideal por el hombre de una Mujer que, no obstante haber vivido vida humana, se vio libre de la mancha que la materia imprime a los hombres. Preguntemos uno a uno a todos los españoles y veremos que la Purísima es siempre la Virgen ideal cuyo símbolo en el arte son las Concepciones de Murillo. El pueblo español ve en este misterio no sólo el de la concepción ni el de la virginidad, sino el misterio de toda una vida. Hay un dogma escrito inmutable, y otro vivo, creado por el genio popular.

También los pueblos tienen sus dogmas, expresiones seculares dé su espíritu.

III

Desea usted que el cristianismo impere por la paz, y como usted no es un filántropo rutinario de los que tanto abundan, sino un verdadero pensador, habla a seguida de despaganizar a Europa, porque sabe que la guerra tiene su raíz en el paganismo. Sus ideas de usted son comparables a las que Tolstoi expuso en su manifiesto titulado «Le non agir», aunque Tolstoi, no contento con combatir la guerra, combate el progreso industrial y hasta el trabajo que no sea indispensable para las necesidades perentorias del vivir. Para que la organización cambie han de cambiar antes las ideas, ha de operarse la «metancia» evangélica, y para esto es preciso trabajar poco y meditar bastante y amar mucho. La lucha por el progreso y por la riqueza es tan peligrosa como la lucha por el territorio. Vea usted, si no, amigo Unamuno, el desencanto que se están llevando los que creían que el porvenir estaba en América. En tinas cuantas semanas se ha despertado el atavismo europeo, la riqueza acumulada por los negociantes se transforma en armas de guerra y aparece ésta en condiciones que en Europa misma serían impracticables. Porque en Europa no se usan ya guerras repentinas ni se suele acudir a las armas antes que agotar todos los medios pacíficos ni practicar ciertos procedimientos que hoy se emplean en nuestro daño. América tendrá ejércitos como Europa y disfrutará de los goces inefables de las guerras territoriales y de raza; en vez de hacer algo nuevo, copiará a Europa, y la copiará mal; y los hombres insignificantes que han derrochado estúpidamente las buenas tradiciones de su nación serán glorificados por la plebe.

La raza indoeuropea ha ejercido siempre su hegemonía en el mundo por medio de la fuerza. Desde los ejércitos descritos por Homero hasta los descritos hoy por la prensa periódica, son tantas las metamorfosis que ha sufrido el soldado ario que se pierde ya la cuenta. Unas veces han atacado en forma de cuña y otras en forma rectangular, y nosotros hemos descubierto últimamente el sistema de pelear boca arriba, como los gatos. Los europeos dicen que dominan por sus ideas; pero esto es falso. La idea en que se ampara la fuerza de Europa es el cristianismo, una idea de paz y de amor, que por esto no puede nacer entre nosotros. Nació en el pueblo judaico, que fue siempre enemigo de combatir y se pasó la vida huyendo de sus enemigos o subyugado por ellos; porque en los momentos de peligro, en vez de aparecer en el seno de este pueblo grandes generales, «organizadores de la victoria», aparecían profetas que se ponían de parte del enemigo, considerándolo como un enviado de Dios. El precepto evangélico de no resistir el mal es consecutivo del espíritu judaico.

Por esto los europeos no lo han comprendido aún, ni menos practicado. Somos paganos de origen y de vez en cuando la sangre nos turba el corazón y se nos sube a la cabeza. Vea usted, si no, por vía de ejemplo, lo que ocurre en el arte. El cristianismo creó su arte propio, cuyo dogma se puede decir que era el resplandor del espíritu, así como el paganismo era el resplandor de la forma. Yo he visto en los Países Bajos centenares de obras inspiradas por el cristianismo puro y he visto cómo aquellos artistas que tan torpemente creaban obras tan sublimes, se encaminaban a Italia, cuando en Italia apareció el Renacimiento; me hacen pensar en tristes ayunantes, que después de comer espinacas durante el periodo cuaresmal se relamen de gusto viendo un buen tasajo de carne o un pavo relleno. Puesto entre las dos artes, prefiero el cristianismo, porque es más espiritual; pero me seduce también el arte pagano y me seducen aún más las obras de aquellos artistas españoles que acertaron como ningunos a infundir el espíritu cristiano en la forma clásica. Esto parecerá eclecticismo;

pero el eclecticismo está en nuestra constitución y en nuestra historia. En España se ha batallado siglos enteros para fundir en una concepción nacional las ideas que han ido imperando en nuestro suelo, y a poco que se ahonde se descubre aún la hilaza. En Granada, por ejemplo, no hay artísticamente puro nada más que lo arábigo, y aun debajo de esto suele hallarse la traza del arte romano. Lo que viene después tiene siempre dos caras: una cristiana y otra clásica, como en las esculturas de nuestro insuperable Alonso Cano, o una cristiana y otra oriental, como en el poema admirable de Zorrilla. La primera habla al espíritu; la segunda, a los sentidos, que también son algo para el hombre. La esencia es siempre mística, porque lo místico es lo permanente en España, pero el ropaje es vario, por ser varia y multiforme nuestra cultura. Todo lo más a que puede aspirarse es a que el sentimiento cristiano sea cada día más alma de nuestras obras.

Así como hay hombres que viven una vida casi material y hombres que colocan el centro de su vida en el espíritu, dando al cuerpo sólo lo indispensable, así hay naciones que continúan aún aferradas a la lucha brutal y naciones que espiritualizan la lucha y se esfuerzan por conseguir el triunfo ideal. Pero no hay cerebro ni corazón que se sostenga en el aire; ni hay idealismo que subsista sin apoyarse en el esqueleto de la realidad, que es, en último término, la fuerza. El hombre está organizado autoritariamente (aun cuando el centro no funcione), y todas sus creaciones son hechas a su imagen y semejanza: desde la familia hasta la agrupación innominada, que forma el concierto de las naciones, Europa ha representado siempre el centro unificado y director de la Humanidad, y esto ha podido lograrlo solamente ejerciendo violencia en los demás pueblos. Hay quien sueña, como usted, en el aniquilamiento de ese eterno régimen, y en que un día impere en el mundo, por su pura virtualidad, el ideal cristiano. ¿Por qué no soñar y entusiasmarse soñando con tan admirable anarquía?

IV

Quien haya leído sus artículos y lea ahora los míos, creerá seguramente que somos dos ideólogos sin pizca de sentido práctico, cuando con tanta frescura nos ponemos a hablar de los caracteres constitutivos de nuestra nación, sin parar mientes en los desastres que llueven sobre ella. Tanto valdría, se pensará, ponerse a meditar sobre las mareas en el momento crítico de un naufragio, cuando sólo queda tiempo para encomendarse a Dios antes de irse a fondo. No obstante, la tempestad pasa y las mareas siguen; y quién sabe si una misma razón no explica ambos fenómenos. Las ideologías explican los hechos vulgares, y si en España no se hace caso de los ideólogos es porque éstos han dado en la manía de empolvarse y engomarse, de «academizarse», en una palabra, y no se atreven a hablar claro por no desentonar, ni a hablar de los asuntos del día por no caer en lugares comunes. Sin duda ignoran que Platón cortó el hilo de uno de sus más hermosos diálogos para explicar cómo se quita el hipo, y que Homero no desdeñó cantar en versos de arte mayor cómo se asa un buey. Se puede ser correcto y hasta clásico, explicando cómo se pierden las colonias.

Nosotros descubrimos y conquistamos por casualidad, con carabelas inventadas por los portugueses, llevando por hélice la fe y por caldera de vapor el viento que soplaba. Y al cabo de cuatro siglos nos hallamos con que en nuestros barcos no hay fe ni velas donde empuje el viento, sino maquinarias que casi siempre están inservibles. La invención del vapor fue un golpe mortal para nuestro poder. Hasta hace poco no sabíamos construir un buque de guerra, y hasta hace poquísimo nuestros maquinistas eran extranjeros. Al fin hemos vencido estas dificultades; pero tropezamos con otra: los buques necesitan combustible y nosotros somos incapaces de concebir una estación de carbón. No tenemos alma, aunque se dice que somos desalmados, para incomodar a nadie metiéndole en su casa una carbonera, como hacen los ingleses, por ejemplo, en Gibraltar. Cuando perdamos nuestros dominios, se nos podrá decir: -Aquí vinieron ustedes a evangelizar y a cometer desafueros; pero no se nos dirá: -Aquí venían ustedes a tomar carbón. Demos por vencida también la falta de estaciones propias para nuestros buques, y aún faltará algo importantísimo: dinero para costear las escuadras, el cual ha de ganarse explotando esas colonias que se trata de defender. Porque sería más que tonto comprar una escuadra formidable en el extranjero para enviarla a Filipinas a asegurar el negocio que allí hacen los mismos extranjeros. Más lógico es dejarse derrotar «heroicamente». Acaso la batalla más discretamente perdida, entre todas las de nuestra historia, sea esa batalla de Cavite, que usted, compañero Unamuno, comparaba en tono humorístico con la de Villalar. No basta adaptar un órgano; hay que adaptar todo el organismo. En España sólo hay dos soluciones racionales para el porvenir: someternos en absoluto a las exigencias de la vida europea, o retirarnos en absoluto también y trabajar para que se forme en nuestro suelo una concepción original, capaz de sostener la lucha contra las ideas corrientes, ya que nuestras actuales ideas sirven sólo para hundirnos a pesar de nuestra inútil resistencia. Yo rechazo todo lo que sea sumisión, y tengo fe en la virtud creadora de nuestra tierra. Mas para crear es necesario que la nación, como el hombre, se recojan y mediten, y España ha de reconcentrar todas sus fuerzas y abandonar el campo estéril, en el que hoy combate por un imposible, con armas compradas al enemigo. Nos ocurre como al aristócrata arruinado que trata de restaurar su casa solariega hipotecándola a un usurero.

Nuestra colonización ha sido casi novelesca. La mayoría de la nación ha ignorado siempre la situación geográfica de sus dominios; le ha ocurrido como a Sancho Panza, que nunca supo dónde Estaba la ínsula Barataria ni por dónde se iba a ella ni por dónde se venía, lo cual no le impidió dictar preceptos notables que si los hubieran cumplido hubieran dejado tamañitas a nuestras famosas leyes de Indias, a las que tampoco se dio el debido cumplimiento, por lo mismo que eran demasiado buenas. Pero nadie nos quita el gusto de haberlas dado, para demostrar al mundo que si no supimos gobernar no fue por falta de leyes, sino porque nuestros gobernados fueron torpes y desagradecidos.

Detrás de la antigua aristocracia vino la del progreso. El pueblo que antes pertenecía a un gran señor y era administrado por un mayordomo de manga ancha, cayó en las garras de un usurero, y el pueblo inocente, que creía llegada una era de prosperidades, trabaja más y gana más y come lo mismo o menos; y si algún infeliz se atreve a coger un brazado de leña en el monte, que antes estaba abierto para todos, no tarda en ser cogido por un guarda y enviado unos cuantos años a presidio. Este es el porvenir que le aguarda a nuestra población colonial, que cree cándidamente que han de venir gentes más activas a enriquecerla. Pero nada se gana con predicar a estas alturas. La humanidad, ella sabrá por qué, se ha dedicado a los negocios, y ahí está la causa de nuestra decadencia. Nosotros no tenemos capital para emprenderlos ni gran habilidad tampoco; y si emprendemos alguno, nos olvidamos, por falta de espíritu previsor, de apoyarlo bien para que no fracase. Hay en Europa naciones que sostienen artificialmente con los productos que exportan varios millones de habitantes, que el suelo no podría nutrir; en España no llegan quizás a un millón los que viven de la exportación a Ultramar, y ésos están hoy amenazados, y tal vez se vean pronto obligados a buscar el pan en la emigración. Hemos podido ingeniarnos para conseguir la independencia económica, impuesta por nuestro carácter territorial, y dejándonos de libros de caballería, atenernos a nuestro suelo, cuyas fuerzas naturales bastan para sostener una población mayor que la actual.

Así se hubiera evitado la guerra; porque esta guerra que se dice sostenida por honor es también, y acaso más, lucha por la existencia. La pérdida de las colonias sería para España un descenso en su rango como nación; casi todos sus organismos oficiales se verían disminuidos y, lo que es más sensible, la población disminuiría también a causa de la crisis de algunas provincias. Se puede afirmar que todos los intereses tradicionales y actuales de España salen heridos de la refriega; los únicos intereses que salen incólumes son los de la España del porvenir, a los que, al contrario, conviene que la caída no se prolongue más, que no sigamos eternamente en el aire, con la cabeza para abajo, sino que toquemos tierra alguna vez.

Este gran problema que nos ha planteado la fatalidad ha sido embrollado adrede por falta de valor para presentarlo ante España en sus términos brutales, escuetos, que serían: ¿Quieres ser una nación modesta y ordenada y ver emigrar a muchos de tus hijos por falta de trabajo, o ser una nación pretenciosa o flatulenta y ver morir a muchos de tus hijos en el campo de batalla y en el hospital? ¿Qué cree usted, amigo Unamuno, que hubiera contestado España?

V

Usted, amigo Unamuno, que es cristiano sincero, resolverá la cuestión radicalmente, convirtiendo a España en una nación cristiana, no en la forma, sino en la esencia, como no lo ha sido ninguna nación en el mundo. Por eso acudía usted al admirable simbolismo del Quijote y expresaba la creencia de que el ingenioso hidalgo recobrará muy en breve la razón y se morirá, arrepentido de sus locuras. Esta es también mi idea, aunque yo no doy la curación por tan inmediata. España es una nación absurda y metafísicamente imposible, y el absurdo es su nervio y su principal sostén. Su cordura será la señal de su acabamiento. Pero donde usted ve a Don Quijote volver vencido por el caballero de la Blanca Luna, yo lo veo volver apaleado por los desalmados yangüeses, con quien topó por su mala ventura.

Quiero decir con esto que Don Quijote hizo tres salidas y que España no ha hecho más que una y aún le faltan dos para sanar y morir. El idealismo de Don Quijote era tan exaltado, que la primera vez que salió de aventuras se olvidó de llevar dinero y hasta ropa blanca para mudarse; los consejos del ventero influyeron en su ánimo, bien que vinieran de tan indocto personaje, y le hicieron volver pies atrás. Creyóse que el buen hidalgo, molido y escarmentado, no volvería a las andadas, y por sí o por no, su familia y amigos acudieron a diversos expedientes para apartarle de sus desvaríos, incluso el de murar y tapiar el aposento donde estaban los libros condenados; mas Don Quijote, muy solapadamente, tomaba mientras tanto a Sancho Panza de escudero, y vendiendo una cosa y empeñando otra y malbaratándolas todas, reunía una cantidad razonable para hacer su segunda salida, más sobre seguro que la primera.

Este es el cuento de España. Vuelve ahora de su primera escapatoria para preparar la segunda; y aunque muchos españoles creamos de buena fe que se lo hemos de quitar de la cabeza, no adelantaremos nada. Y acaso sería más prudente ayudar a los preparativos de viaje, ya que no hay medio de evitarlo. Yo decía también que convendría cerrar todas las puertas para que España no se escape, y sin embargo, contra mi deseo, dejo una entornada, la de África, pensando en el porvenir. Hemos de trabajar, sí, para tener un período histórico español puro; mas la fuerza ideal y material que durante él adquiramos, verá usted cómo se va por esa puerta del Sur, que aún seduce y atrae al espíritu nacional No pienso, al hablar así, en Marruecos: pienso en toda África, y no en conquistas y protectorados, que esto es de sobra conocido y viejo, sino en algo original, que no está al alcance ciertamente de nuestros actuales políticos. Y en esta nueva serie de aventuras tendremos un escudero, y ese escudero será el árabe.

Se me dirá que el África está ya repartida como pan bendito; pero también estuvo repartido el mundo, o poco menos, entre España y Portugal, y ya ve usted a dónde hemos llegado. En nuestros días hemos visto aparecer varias doctrinas flamantes como la de Monroe y la de la protección de interés, la de la ocupación efectiva y la del arrendamiento. Europa se arrienda a China en diversos lotes y se reparte el África, porque no estaba ocupado efectivamente. Y a esto no hay nada que objetar; si la propiedad privada se pierde por el abandono de la misma, ¿por qué no ha de perder una nación sus derechos soberanos sobre territorios que nominalmente se atribuye? Lo único que se puede decir es que ahora tampoco es efectiva la ocupación, y que lo que se llama «esfera de influencia» o «hinterland» es, con nombre diverso, la misma soberanía nominal, hoy desusada. No sé si usted es amante del Derecho, amigo Unamuno, y si se disgustará porque le diga que el Derecho es una mujerzuela flaca y tornadiza, que se deja seducir por quien quiera que sepa sonar bien las espuelas y arrastrar el sable. Si España tuviera fuerzas para trabajar en Africa, yo, que soy un quídam, me comprometería a inventar media docena de teorías nuevas para que nos quedáramos legalmente con cuanto se nos antojara.

Ahora y antes, el único factor efectivo que en África existe, aparte de los indígenas, es el árabe, porque es el que vive de asiento, el que tiene aptitud para aclimatarse y para entenderse con la raza negra de un modo más natural que el que emplean los misioneros, que introducen, según la frase de usted, el «fetichismo pseudo cristiano». El árabe, habilitado y gobernado por un espíritu superior, sería un auxiliar eficaz, el único para levantar a las razas africanas sin violentar su idiosincrasia. Los árabes dispersos por el África están oscurecidos y anulados en la apariencia con los europeos, porque éstos no saben entenderse con ellos; nosotros sí sabríamos. Actualmente la empresa es disparatada, pues sin contar nuestra falta de «dineros y camisas», el antagonismo religioso lo echaría todo a perder. Pero, ¿quién sabe lo que dirá el porvenir? ¡Utopía! ¿No le agradan a usted las utopías? «Sí, me agradan, me contestará usted, pero ésa pasa de la marca: yo hablo en pro de la paz y usted nos arma para nuevas guerras». Si usted me dice que hay que despaganizar a Europa y destruir en ella los gérmenes de agresión, yo estoy con usted, porque el deseo es generoso y noble. Pero mientras la forma de la vida europea sea la agresión y se proclame moribundas a las naciones que no atacan y aun se piensa en descuartizarlas y repartírselas, la paz en una sola nación sería más peligrosa que la guerra. La nación más cristiana, por temperamento, ha sido la judaica, y tiene que vivir, como quien dice, con los trastos a cuestas. Así, pues, España encerrada en su territorio, aplicada a la restauración de sus fuerzas decaídas, tiene por necesidad que soñar en nuevas aventuras; de lo contrario, el amor a la vida evangélica nos llevaría en breve a tener que alzarnos en armas para defender nuestros hogares contra la invasión extranjera. El espíritu territorial independiente movió a las regiones españolas a buscar auxilio fuera de España, y ese mismo espíritu, indestructible, obligará a la nación unida a buscar un apoyo en el continente africano para mantener ante Europa nuestra personalidad y nuestra independencia.

Carta abierta de Miguel de Unamuno

I

¡Cómo refresca el corazón, querido amigo, conversar a larga distancia, separados por la suerte que a los hombres desparrama, después de haberse saludado un momento en el pedregoso camino de la vida! Y el ser pública esta conversación -más que en diálogo, en monólogos entreverados- le da cierta consagración de gravedad, haciéndola, a la vez que más jugosa, más íntima también. Más íntima, sí; porque no cabe duda alguna de que estos artículos, en que nos dirigimos reflexiones que puedan sugerir algo a todos los que, mirando más allá del falaz presente, nos hagan la merced de leernos, son para nosotros una correspondencia más entrañable y más cordial que la que por cartas privadas sostenemos. Obligados por el respeto debido al público que nos lea a mantenernos en cierta elevación de tono, prescindimos de nosotros mismos, siendo así como cada cual logra dar lo más granado y lo mejor de sí mismo, lo que a nuestro pueblo debemos y se lo tornamos acrecentado en cuanto nuestra diligencia alcanza.

Usted ha rodado por tierras extrañas puestos siempre su corazón y su vista en España, y yo, viviendo en ella, me oriento constantemente al extranjero, y de sus obras nutro sobre todo mi espíritu. Son dos modos de servir a la patria diversos y concurrentes, Y en punto a patriotismo, ¡qué tristes nociones ha esparcido la ignorancia por España! Hase olvidado que la verdadera patria del espíritu es la verdad; que sólo en ella descansa y trabaja con sosiego.

Y dejándome de escarceos, que huelen a la epístola moral a Fabio, me voy derecho a lo que usted dice de la raza española.

Siempre he creído que la historia, que da razón de los cuatro que gritan y nada dice de los cuarenta mil que callan, ha hecho el papel de enorme lente de aumento en lo que se refiere al cruce de raza en el suelo español. Las crónicas nos hablan de la invasión de los iberos, de los celtas, de los fenicios, de los romanos, de los godos, de los árabes, etc., y esto nos hace creer que se ha formado aquí una mescolanza de pueblos diversos , cuando estoy persuadido de que todos esos elementos advenedizos representan junto al fondo primitivo, prehistórico, una proporción mucho menor de lo que nos figuramos, débiles capas de aluvión sobre densa roca viva. Un batallón de jinetes que entra metiendo mucho ruido en un pueblo pacífico, que en su mayor parte le ve entrar con indiferencia, da que decir a las gacetillas, y el más leve motín de un lugar abulta en los telegramas, donde no se da cuenta de los que van, como todos los años, a trillar sus parvas. Desde la orilla se ve durante una tempestad cómo se alzan tumultuosas y potentes las olas, y no se da cuenta de que todo aquel tumulto no pasa de la superficie, de que las aguas que se embravecen y braman son una débil película comparadas a las profundas capas que permanecen en reposo. Brama la tempestad sobre la solemne calma de los abismos submarinos. El día mismo del desastre de la escuadra de Cervera hallábame yo, acordonado desde hacía días para no recibir diarios, en una dehesa en cuyas eras trillaban en paz su centeno los labriegos, ignorantes de cuanto a la guerra se refiere. Y estoy seguro de que eran en toda España muchísimos más los que trabajaban en silencio, preocupados tan sólo del pan de cada día, que los inquietos por los públicos sucesos.

Es la historia como un mapa, y no mejor que un mapa los lugares del espacio, determina aquélla los sucesos del tiempo. La leyenda, aunque al parecer menos exacta, es más verdadera, como es más verdadero un paisaje, por libre que sea, que un plano topográfico tomado a toda ciencia trigonométrica. Danos el mapa los contornos de los continentes e islas en cuanto el nivel ordinario del mar los define; pero si ese nivel fuese bajando, ¡qué grandes cambios en nuestra geografía! Así en la historia, si fuese posible hacer bajar el nivel del olvido, que encubre para siempre la vida fecunda y silenciosa de las muchedumbres que pasan por el mundo sin meter ruido, ¡cómo iría cambiando el mapa de los sucesos con que han alimentado nuestra memoria!

Hay en los abismos del Océano inmensas vegetaciones de minúsculas madréporas, que labran en silencio la red enorme de sus viviendas. Sobre estas vegetaciones se asientan islas que surgen del mar. Así en la vida de los pueblos aparecen aislados en la historia grandes sucesos, que se asientan sobre la labor silenciosa de las oscuras madréporas sociales, sobre la vida de esos pobres labriegos que todos los días salen con el sol a la secular labranza. Lo que ocurre en la isla afecta muy poco a su basamento madrepórico.

Muy poco, creo, han afectado a la base de la vida popular española las diversas irrupciones que la historia nos cuenta ocurridas en su superficie. ¿Cuántos eran los fenicios que llegaron, con relación a los que aquí vivían? ¿Cuántos los romanos, los godos, los árabes, y hasta qué punto penetraron en lo íntimo de la raza? Yo creo que pasaron poco de la superficie, muy poco, y que en cuanto pasaron algo, fueron absorbidos; como creo que dejará más rastro Pidal, que tiene cosa de una docena de hijos, que otros políticos de más nombre y menos fecundidad efectiva. Hay que fijarse en lo más íntimo. Parmentier hizo más obra y más duradera trayéndonos las patatas, que Napoleón revolviendo a Europa, y hasta más espiritual, porque ¿qué no influirá la alimentación patatesca en el espíritu?

Todo esto sirve para indicar nada más mi idea de que el fondo de la población española ha permanecido mucho más puro de lo que se cree, engañándose por la falaz perspectiva histórica, creencia que parecen confirmar las investigaciones antropológicas.

Celtas, fenicios, romanos, godos, los mismos árabes, de que parece usted tan prendado, fueron poco más que oleadas, tempestuosas si se quiere, pero oleadas al fin, que influyeron muy poco en la base sub-histórica, en el pueblo que calla, ora, trabaja y muere. Luego por ley, larga de explicar aquí, sucede que al mezclarse pueblos diversos en proporciones distintas, el más numeroso prepondera en lo fisiológico y radical más que lo que su proporción representa.

Creo asimismo que las diferencias étnicas interiores que en España se observan -gallegos, vascos, catalanes, castellanos, etc.- arrancan de diversidades prehistóricas.

Nosotros los vascos tenemos fama, como usted me lo recuerda, de conservarnos más puros. No sé si esto es verdad; sólo sé que para que esa idea se haya difundido ha servido el que hayamos tenido la felicidad de ser un pueblo sin historia durante siglos enteros. La historia no ha velado, con su falsa perspectiva, un hecho que creo se cumple en los demás pueblos peninsulares. Y por no haber tenido historia y sí vida pública sub-histórica, mi pueblo vasco ha combatido a las libertades individuales, atomísticas, luchando por las sociales. Mas como esto es muy largo de contar, mejor es dejarlo.

II

No podrá haber sana vida pública, amigo Ganivet, mientras no se ponga de acuerdo lo íntimo de nuestro pueblo con su exteriorización, mientras no se acomode la adaptación a la herencia. Esta, que es la idea capital de usted, es también la mía. Concordamos en ella disintiendo algo en su desarrollo, lo cual da carácter armónico a nuestra conversación, haciéndola en su unidad varia.

La historia, la condenada historia, que es en su mayor parte una imposición del ambiente, nos ha celado la roca viva de la constitución patria; la historia, a la vez que nos ha revelado gran parte de nuestro espíritu en nuestros actos, nos ha impedido ver lo más íntimo de ese espíritu. Hemos atendido más a los sucesos históricos que pasan y se pierden, que a los hechos subhistóricos, que permanecen y van estratificándose en profundas capas. Se ha hecho más caso del relato de tal cual hazañosa empresa de nuestro siglo de caballerías que a la constitución rural de los repartimientos de pastos en tal o cual olvidado pueblecillo. Nos han llenado la cabeza de batallas, expediciones, conquistas, revoluciones y otros líos semejantes, sin dejarnos ver lo que bajo la superficie pasaba entretanto; nos han puesto en la orilla a contemplar tempestades para que templemos nuestro espíritu en los grandes espectáculos, y no nos han dejado ver la labor de las madréporas de que le hablaba en mi anterior capítulo. Hemos oído en lontananza el eco de los cascos de los caballos de los árabes al invadir España, y no el silencioso paso de los bueyes que a la vez trillaban las parvas de los conquistados, de los que se dejaron conquistar.

Se ha perdido la inteligencia del lenguaje propio del pueblo, lenguaje silencioso y elocuente, y se ha querido que hable en los comicios, donde, como usted dice muy bien, no sabe responder. Pedirle al pueblo que resuelva por el voto la orientación política que le conviene, es pretender que sepa fisiología de la digestión todo el que digiere. Como no se sabe preguntarle no responde, y como no habla en votos, lenguaje que le es extraño, cuando quiere algo habla en armas, que es lo que hicieron mis paisanos en la última guerra civil. Ellos querían algo sin saber definirlo, y a falta de mejor medio de expresarlo, se fueron al monte, dejando que formulasen su deseo algunos señores, que maldito si lo sabían. Porque el carlismo de Mella y de El Correo Español, pongo por caso, es al carlismo real y efectivo mucho menos que un mapa al terreno real, siguiendo la metáfora que establecí ya una vez. El carlismo popular, que creo haber estudiado algo, es inefable, quiero decir, inexpresable en discursos y programas; no es materia oratoriable. Y el carlismo popular, con su fondo socialista y federal y hasta anárquico, es una de las íntimas expresiones del pueblo español. Algo más adelantaríamos si nuestros estadistas, o lo que sean, en vez de atender a las idas y venidas de don Carlos, y hacer caso de los periódicos del partido o de las predicaciones de este o de aquel Mella que toma al carlismo de materia oratoriable y de sport político, se fijasen en las necesidades de los pueblos, en las íntimas, en las que no se expresan. Cuándo se habla de mi Vizcaya, en seguida se acuerdan, todos de los dichosos fueros, ignorándose que mucho más que los tales fueros le importa al aldeano vizcaíno el cierre de los montes que fueron del común un día.

Los dos factores radicales de la vida de un pueblo, los dos polos del eje sobre que gira son la economía y la religión. Lo económico y lo religioso es lo que en el fondo de todo fenómeno social se encuentra. El régimen económico de la propiedad, sobre todo de la rural, y el sentimiento que acerca del fin último de la vida se abriga, son las dos piedras angulares de la constitución íntima de un pueblo. Toda nuestra historia no significa nada como no nos ayude a comprender mejor cómo vive y cómo muere hoy el labriego español; cómo ocupa la tierra que labra y cómo paga su arrendamiento, y con qué estado de ánimo recibe los últimos sacramentos; qué es y qué significa una senara o una excusa, y qué es y qué significa una misa de difuntos.

En el país español que mejor conozco, por ser el mío, en Vizcaya, el establecimiento de la industria siderúrgica por altos hornos y el desarrollo que ha traído consigo, representa más que el más hondo suceso histórico explosivo; es decir, de golpe y ruido, como creo que en esa Granada el establecimiento de la industria de la remolacha ha tenido más alcance e importancia que su conquista por los Reyes Católicos.

Y como esto exige algún mayor desarrollo, aunque sea sumario y por vía sugestiva, como todo lo contenido en estos capítulos, lo dejo para otro.

III

«Para que la organización social cambie, han de cambiar antes las ideas», dice usted, amigo Ganivet, y ya no conforme con usted en éste su idealismo. No creo en esa fuerza de las ideas, que antes me parecen resultantes que causas. Siempre he creído que el suponer que una idea sea causa de una transformación social es como suponer que las indicaciones del barómetro modifican la presión atmosférica. Cuando oigo hablar de ideas buenas o malas me parece oír hablar de sonidos verdes o de olores cuadrados. Por esto me repugna todo dogmatismo y me parece ridícula toda inquisición.

Lo que cambia las ideas, que no son más que la flor de los estados, del espíritu, es la organización social, y ésta cambia por virtud propia, obedeciendo a leyes económicas que la rigen, por un dinamismo riguroso.

No fue Copérnico quien echó a rodar los mundos, según las leyes por él descubiertas, ni fueron Marx y sus precursores y sucesores los que produjeron el movimiento socialista. Esto lo sabe usted mejor que yo, sin que se le haya turbado la clara visión de tal verdad por cierto excesivo historicismo que en usted observo.

En diferentes obras, algunas magistrales como las de Marx y Loria, está descrita la evolución social en virtud del dinamismo económico, y si alguna falta les noto, es que, o prescindan del factor religioso, o quieran englobarlo también en el económico.

No el cambio de ideas, el de organización social, sino éste traerá a aquél. Las fábricas de altos hornos en mi país, y las de remolacha en el de usted, harán mucho más que lo que pudiese hacer un ejército de ideólogos como usted y yo.

La misma cuestión colonial, hoy tan candente que nos abrasa, es ante todo y sobre todo una cuestión de base y origen económicos. Hay que estudiarla no en nuestra historia colonial, que sólo cuenta lo pelicular; no en los épicos relatos de nuestros navegantes de la edad de oro, no en toda esa faramalla de nuestros destinos en el Nuevo Mundo, sino en las aduanas coloniales. No creo con usted que fuimos a evangelizar y cometer desafueros, sino a sacar oro; fuimos a sacar oro, que pasaba luego a Flandes, donde trabajaban para nosotros y a nuestra costa se enriquecían con su trabajo. Y como nuestro modo de explotar a las colonias no encaja en la actual economía pública, las explotarán otros.

Es preciso hablar claro por verdadero patriotismo, ahora que piden la paz con motivos impuros y egoístas muchos que por motivos egoístas e impuros pidieron la guerra. Raro es quien execra de la guerra por la guerra misma, por cristianismo, y si no, vea usted cómo fueron de los más encendidos apóstoles del duelo internacional los que más predican contra el individual y contra el falso honor mundano.

Hay que hablar claro. Al campesino que sin más capital que sus brazos emigra de España en busca de pan, lo mismo le da que sea española o no la tierra a que arriba, lo mismo se gana su vida y acaso labra su fortuna en los cafetales del Brasil, que en las pampas argentinas o cuidando ganado en las sabanas de Tejas, en los Estados Unidos, como alguno que conozco. Pero a la industria nacional que quiere vivir sin gran esfuerzo del monopolio no le da lo mismo. Traía trigo de los Estados Unidos, de esos mismos Estados Unidos con que estamos en guerra, le molía aquí, en la Península, y llevaba la harina a Cuba, haciendo pagar cara a los cubanos la maquila de la molienda. Se encarecía la vida en Cuba en provecho de los industriales y negociantes de aquí. Y luego venía lo de hacer pasar harina por yeso y todo lo demás de la canción. Añada usted lo del azúcar y tendrá bien claro el principal factor de lo que por de pronto nos abruma.

Y todo esto no lo han traído ideas especiales de los españoles acerca de la colonización, sino nuestra constitución económica, basada en última instancia en la constitución de nuestro suelo, última ratio de nuestro modo de ser. Es la misma idea de usted respecto a lo territorial.

Hay en España algo que permanece inmutable bajo las varias vicisitudes de su Historia, algo que es la base de su subhistoria.

Este algo es que España está formada en su mayor parte por una vasta meseta, en que van los ríos encajonados y muy de prisa, y cuya superficie resquebrajan las heladas persistentes del invierno y los tremendos ardores del estío. Es un país, en su mayor extensión, de suelo pobre, carcomido por los ríos que se llevan la sustancia, escoriado por sequías y por lluvias torrenciales. Y este país quiere seguir siendo lo que peor puede ser, país agrícola. La cuestión es ésta: o España es, ante todo un país central o periférico, o sigue la orientación castellana, desquiciada desde el descubrimiento de América, debido a Castilla, o toma otra orientación. Castilla fue quien nos dio las colonias y obligó a orientarse a ellas a la industria nacional; perdidas las colonias, podrá nuestra periferia orientarse a Europa, y si se rompen barreras proteccionistas, esas barreras que mantiene tanto el espíritu triguero, Barcelona podrá volver a reinar en el Mediterráneo; Bilbao florecerá orientándose al Norte, y así irán creciendo otros núcleos nacionales ayudando al desarrollo total de España.

No me cabe duda de que una vez que se derrumbe nuestro imperio colonial surgirá con ímpetu el problema de la descentralización, que alienta en los movimientos regionalistas. Y el hacer cuatro indicaciones acerca de esto lo dejo para otro capítulo.

IV

«Mejor es que usted y yo tengamos ideas distintas, que no que yo acepte las de usted por pereza o por ignorancia; mejor es que en España haya quince o veinte núcleo intelectuales, si se quiere antagónicos, que no la nación sea un desierto y la capital atraiga a sí las fuerzas nacionales, acaso para anularlas». Esto dice usted, amigo Ganivet, con excelente buen sentido, en el segundo de los artículos que me dedica. De esas ideas me hago solidario, y sobre ellas voy a insertar aquí cuatro reflexiones.

Nada dificulta más la verdadera unión de los pueblos que el pretender hacerla desde fuera, por vía impositiva, o sea legislativa, y obedeciendo concepciones jacobinas, como suelen serlo las del unitarismo doctrinario. Esa unión destruye la armonía, que surge de la integración de lo diferenciado.

Quéjanse los catalanes de estar sometidos a Castilla, y quéjanse los castellanos de que se les somete al género catalán. La sujeción de una de estas regiones a la otra en lo político se ha equilibrado con la sujeción de ésta o aquélla en lo económico. Y de tal suerte padecen las dos. El caso cabe extenderlo y ampliarlo.

En vez de dejar que cada cual cante a su manera y procurar que cantando juntos acaben por formar concertado coro armónico, hay empeño en sujetarlos a todos a la misma tonada, dando así un pobrísimo canto al unísono, en que el coro no hace más que meter más ruido que cada cantante, sin enriquecer sus cantos.

No cabe integración sino sobre elementos diferenciados, y todo lo que sea favorecer la diferenciación es preparar el camino a un concierto rico y fecundo. Sea cada cual como es, desarróllese a su modo, según su especial constitución, en su línea propia, y así nos entenderemos mejor todos.

Hace ya algún tiempo publiqué en un diario catalán un artículo acerca del uso de la lengua catalana "[En el Diario Moderno, Barcelona, abril o mayo 1896, con el título «Sobre el uso de la lengua catalana» y dedicado a «Clarín»], abogando porque escriba cada cual en la lengua en que piensa. En él asentaba que es mejor que los catalanes escriban en catalán y los castellanos los traduzcan, que no el que se traduzcan ellos mismos, mutilando su modo de ser. Al esforzarse el castellano por penetrar en los matices de una lengua que no es la suya y al trabajar por traducir un pensamiento que le es algo extraño, ahondará en su propia lengua y en su pensamiento propio, descubriendo en ellos fondos y rincones que el confinamiento le tiene velados. Si el castellano se empeñase en penetrar en el espíritu catalán y el catalán en el espíritu castellano, sin mantenerse a cierta distancia, llenos de mutuos prejuicios por mutuo desconocimiento íntimo, no poco ganarían uno y otro. El conocimiento íntimo de lo ajeno es el mejor medio de llegar a conocer lo propio. Quien sólo sabe su lengua -decía Goethe-, ni aun u lengua sabe. Pueblo que quiera regenerarse encerrándose por completo en sí, es como un hombre que quiera sacarse de un pozo tirándose de las orejas.

Si entre sus virtudes tiene algún vicio profundo el pueblo castellano es éste de su íntimo aislamiento, aunque viva entre otros pueblos. Corrió tierras y mares entre pueblos extraños, pero siempre metido en su caparazón. Así como cree con terca ignorancia que le bastarían los recursos de su suelo para vivir la vida que hoy se le ha hecho habitual, encerrado en sí, cree también que tiene en su fondo tradicional con qué nutrir su espíritu, satisfaciendo a la vez a la necesidad imperiosa de progreso. Con herir tanto el desdén del catalán o del vasco no sé si es menos hondo, aunque más callado, el desdén del castellano.

Si el carlismo se extiende por toda la Península es porque se extiende por toda ella el regionalismo. Y hay un síntoma de buen agüero, y es que nace y va cobrando fuerza el regionalismo castellano, el de los trigueros. Cuando la región centralizadora, la que durante siglos ha impulsado la obra unificadora, se hace regionalista, es porque el regionalismo se impone. Entra como una de tantas en el concurso.

Ahora sólo falta que ese regionalismo se haga orgánico y no exclusivista; que se pida la vida difusa en beneficio del conjunto: que se aspire a la diferenciación puestos los ojos en la integración; que no nos estorbemos los unos a los otros para que cada cual dé mejor su fruto y puedan tomar de él los demás lo que les convenga.

Y este problema del regionalismo, que surgirá con fuerza así que salgamos de la actual crisis, surgirá combinado con el problema económico-social. El revivir del carlismo no es más que un mero síntoma del revivir del regionalismo en cierto modo socialista, o del socialismo regionalista. Y ¿por qué no decirlo?, es el fondo anarquista del espíritu español que pide forma, expresión, desahogo.

Ese fondo, que tomaría forma potente si nuestra nación se integrara sobre base popular, culmina más que en nada en el cristianismo español de que usted habla, en el que representan nuestros místicos.

Y con esto llego al final de estas reflexiones.

V

Es tal el nimbo que para la mayor parte de las personas rodea a la palabra anarquismo, de tal modo la acompañan con violencias dinamiteras y negaciones radicales, que es peligroso decirles que el cristianismo es, en su esencia, un ideal anarquista, en que la única fuerza unificadora sea el amor.

En ninguna parte acaso se comprendió mejor que en nuestra patria este sentido cristiano; pocos místicos entendieron tan bien como los místicos castellanos aquellas palabras de San Pablo de que la ley hace el pecado.

Usted mismo, amigo Ganivet, ha trazado en las más hermosas páginas de su Idearium la silueta del anarquismo cristiano español, sobre todo donde trata usted de la justicia quijotesca, que es en el fondo la justicia pauliniana, la cristiana. En mis artículos En torno al casticismo, que no sé cuándo recogeré en un tomo, había yo ya tratado este mismo punto.

Pero el impulso que a los sentimientos religiosos pudo haber dado en España la mística castellana quedóse poco menos que en mera iniciación; fue ahogado por factores históricos, por el fatal ambiente en que se movía la historia de nuestro pueblo. La reforma teresiana, después de haber sido embotada en su misma orden, fue oscurecida por los jesuitas. La Compañía de Aquaviva más bien que de mi paisano San Ignacio -espíritu nada jesuítico- es la que de hecho ha dado tono desde entonces a la religiosidad conciente de España.

Y aquí encaja como anillo al dedo lo que usted dice muy gráficamente de las ideas picudas: que puede aplicarse a los sentimientos.

Cuanto usted nos dice que le sugirió su primer oficio de molinero tiene perfecta aplicación en este orden.

La tarea silenciosa y pausada de moler con muela redonda, sin picos de intolerancia y dogmatismo, en nada es más provechosa que en la vida religiosa.

Pero aquí se ha hecho de la fe religiosa algo muy picudo, agresivo, cortante, y de aquí ha salido ese jacobinismo pseudo-religioso que llaman integrismo, quintaesencia de intelectualismo libresco. Y para vestir a este descarnado esqueleto, rígido y seco y lleno de esquinas y salientes, no se ha encontrado mejor carne que un sistema de prácticas teatrales y ñoñas, con sus decoraciones, sus luces, sus coros y su letra y música de opereta mala con derroche de superlativos dulzarrones y acaramelados. Y por debajo de este aparato fisiológico la constante cantinela de que el liberalismo es pecado, sin que logremos llegar a saber qué es eso del liberalismo.

La vida cristiana intima, recogida, entrañable, hay qué ir a buscarla a tales cuales almas aisladas, que alimentándose del tradicional legado, no se dejan ahogar por esa balumba de fórmulas, silogismos, rutinas y cultos de molinillo chinesco.

De cómo está oscurecido el sentimiento cristiano nos dan continuas pruebas las circunstancias por que pasa la nación. Aún no hace dos días he leído en un semanario religioso elogios a unos frailes que han tomado en Filipinas las armas, y a nadie, que yo sepa, se le ha ocurrido todavía que si las órdenes religiosas del archipiélago hubiesen cumplido su misión se habrían sublevado los tagalos contra España, pero no contra ellas. Su oficio no debe ser mantener la soberanía de tal o cual nación sobre este o el otro territorio; una orden religiosa no debe ser patriótica de esa manera, pues no está su patria en este mundo. Sé que a muchos parecerá lo que voy a decir una atrocidad, casi una herejía, pero creo y afirmo que esa fusión que se establece entre el patriotismo y la religión daña a uno y a otra. Lo que más acaso ha estorbado el desarrollo del espíritu cristiano en España es que en los siglos de la Reconquista se hizo de la cruz un pendón de batalla y hasta un arma de combate, haciendo de la milicia una especie de sacerdocio. Las órdenes militares y la leyenda de Santiago en Clavijo son en el fondo impiedades y nada más. El patriotismo tal y corno hoy se entiende en los patriotismos nacionales es un sentimiento pagano. Decimos con los labios que todos los hombres somos hermanos, pero en realidad practicamos el adversus aeterna auctoritas, y tenemos de la fraternidad la idea que tienen las tribus salvajes: sólo es hermano el de la misma tribu.

Tiene usted muy triste razón cuando afirma que el cristianismo apenas se ha iniciado, que no es más que una débil capa en los pueblos modernos. El evangelio de éstos es, en realidad, ese condenado Derecho romano, quintaesenciado sedimento del paganismo, médula del egoísmo social anticristiano. Cuando se dirija usted a mí, amigo Ganivet, puede decir del Derecho cuantas perrerías se le antojen, porque lo aborrezco con toda mí alma y con toda ella creo, con San Pablo, que la ley hace el pecado. Derecho y deber, estas dos categorías con que tanto nos muelen los oídos, son dos categorías paganas; lo cristiano es gracia y sacrificio, no derecho ni deber.

Y ¡a qué monstruosidades nos ha llevado el infame contubernio del Evangelio cristiano con el Derecho romano! Una de ellas ha sido la consagración religiosa que se ha querido dar al patriotismo militante.

Mucho me sugiere cuanto usted apunta acerca de los judíos, de esta raza perseguida, que por no formar nación subsiste mejor como pueblo; de esa raza de que salieron los profetas y de donde salió el Redentor, a quien dieron muerte sus compatriotas, alegando que era su conducta antipatriótica, como puede verse en el versillo 48 del capítulo XI del Evangelio, según San Juan.

Y de aquí podría pasar a indicarle la gran diferencia que hallo entre nación y patria, tan grande que suelen aparecérseme tales términos como contrapuestos. Pero como todo esto me llevaría ahora muy lejos, prefiero dejarlo para otra ocasión.

Hoy, que tanto se habla por muchos del reinado social de Jesús, se debía meditar algo más en que tal reinado no puede ser más que el reinado de la paz y de la justicia, de la paz sobre todo, de la paz siempre y a toda costa. No hay fariseísmo que pueda empañar el claro y terminante: ¡no matarás! Y si para no infringirlo hay que renunciar a ciudadanías históricas, se renuncia a ellas.

Carta abierta de Ángel Ganivet a Miguel de Unamuno

I

Poco a poco, sin pretenderlo, vamos a componer un programa político. No uno de esos programas que sirven para conquistar la opinión, subir al poder y mal gobernar dos o tres años, porque esta especialidad está reservada a los jefes de partido, y nosotros, que yo sepa, no somos jefes de nada; de mí al menos puedo decir que, desde que tengo uso de razón, estoy trabajando para ser jefe de mí mismo, y aún no he podido lograrlo. Pero hay también programas independientes que sirven para formar la opinión, que son como espejos en que esta opinión se reconoce, salvo si la luna del espejo hace aguas. Tales programas están al alcance de todas las personas sinceras, y en España son muy necesarios, porque la opinión sólo tiene para mirarse el espejo cóncavo de su profunda ignorancia, y hace tiempo que no se mira de miedo de verse tan fea.

Hay quien se lamenta de la ineptitud política de la gente nueva, la cual en el cuarto de siglo que llevamos de restauración, no ha dicho aún esta boca es mía; así se comprende que estemos gobernados por hombres anteriores a la revolución, los más de ellos condenados ya a muerte en 1866, y que nuestra política consista sólo en ir tirando, aunque sea con vilipendio. Mas lo lamentable sería que la juventud hubiera seguido las huellas que se encontró marcadas y aceptado la responsabilidad de los hechos presentes. Si alguna esperanza nos queda todavía, es porque confiamos en que esos hombres nuevos, que no han querido entrar en la política de partido, estarán en otra parte y se presentarán por otros caminos más anchos y mejor ventilados que los de la política al uso.

No se entienda por esto que yo confíe mucho en la gente nueva; de no formarse los hombres de Estado por generación espontánea, no sé cómo se van a formar en nuestro país, donde no se enseña ni el abecedario de la política nacional. La restauración acometió de buena fe la reforma de los estudios; pero el nuevo plan fue imitativo, como lo es todo en España, por ser también nuestro sistema de gobierno una pobre imitación; se adoptó un hermoso programa de asignaturas, cuya única deficiencia consiste en que, a pesar de lo mucho que enseña, no enseña nada de lo que más conviene saber a un español.

Nuestro pasado y nuestro presente nos liga a la América española: al pensar y trabajar, debemos saber que no pensamos ni trabajamos sólo por la Península e islas adyacentes, sino para la gran demarcación en que rige nuestro espíritu y nuestro idioma. Tan difícil como era sostener nuestra dominación material, tan fácil es (y ahora que el dominio se extinguió en absoluto, más aún) mantener nuestra influencia, para no encogernos espiritualmente, que es el encogimiento más angustioso. ¿Qué sabe de América nuestra juventud intelectual? Cuatro nombres retumbantes, comenzando por el retumbantísimo de Otumba. La fecha de la independencia de nuestras colonias, que debió marcar sólo el tránsito de uno a otro género de relaciones, es para nosotros una muralla de la China. No faltan esfuerzos aislados, como los de las Ordenes religiosas, los de la Academia de la Lengua, el del Centenario, la publicación de las Relaciones de Indias y los estudios críticos de Valera; pero estos trabajos no influyen en la educación de la juventud.

Si se mira el porvenir, hay mil hechos que anuncian que Africa será el campo de nuestra expansión futura. ¿Qué sabe de Africa nuestra juventud «estudiosa»? Menos que de América; ni los primeros rudimentos geográficos. Hay también esfuerzos aislados, que en un país tan perezoso como España quieren decir mucho. Granada, en particular, es el centro de donde han salido nuestros mejores orientalistas y donde se conserva más apego a la política simbolizada en el testamento de Isabel la Católica. Si yo dispusiera de capital suficiente (del que no dispondré jamás, porque tengo la desgracia de dedicarme a los trabajos improductivos), fundaría en Granada una Escuela africana, centro de estudios activos, según una pauta que tengo muy pensada y con la que creo había de formarse un plantel de conquistadores de nuevo cuño, de los que España necesita. La gente se burlaría de mí, y quién sabe si al cabo de un siglo o dos se diría que yo había sido el único hombre de Estado de nuestra patria en los siglos XIX y XX. Gran celebridad es la que me pierdo por no tener recursos, y lo siento, no por la celebridad, sino porque la obra se quedará en proyecto, como todas las buenas.

No hay nada superior en Arquitectura a las iglesias góticas, porque en ellas la armonía no es convencional y geométrica, como en las obras clásicas, sino que es psicológica y nace en lo íntimo de nuestro ser por la sugestión que nos produce la convergencia de las líneas ascendentes hacia un punto del cielo, semejantes a ideas que se enlazan en un solo ideal, o a las voces de un coro que se unen en una sola oración.

He aquí un criterio fijo, inmutable, para proceder cuerdamente en todos los asuntos políticos: agarrarse con fuerza al terruño y golpearlo para que nos diga lo que quiere. Lo que yo llamo espíritu territorial no es sólo tierra, es también humanidad, es sentimiento de los trabajadores silenciosos de que usted habla. La acción de éstos no es la historia, como el basamento de la isla no es la isla; la isla es lo que sale por encima del agua, y la historia es el movimiento, es la vida, que debe apoyarse sobre esa masa inerte, rutinaria, que ya que no ejecute grandes hechos, sirve de regulador e impide que los artificios tengan la vida demasiado larga y destruyan el espíritu nacional.

II

A pesar de lo dicho creo, y la gratitud nos obliga a creer, que la restauración ha prestado al país un gran servicio; nos ha dado un período dé paz relativa, y en la paz hemos visto claro lo que antes no veíamos; se decía que nuestros males venían de las guerras, revoluciones y pronunciamientos, y ahora sabemos que la causa de nuestra postración está en que hemos construído un edificio político sobre la voluntad nacional de una nación que carece de voluntad. Vivimos, pues, en el aire, como quien dice, de milagro. Se explica perfectamente ese movimiento instintivo de la nueva generación en busca de una realidad en que afirmar los pies, eso que sé ha llamado movimiento regionalista, aunque propiamente no lo sea. No hay ya jóvenes que vayan a Madrid con el uniforme de ministro en la maleta, y los hay que comienzan a comprender que un hombre no aventaja en nada con añadir su nombre al catálogo inacabable de celebridades inútiles y nocivas de España, y los hay también que prefieren trabajar en sus casas y en beneficio de sus pueblos, a ganar en la tribu parlamentaria estériles aplausos. El día que haya en las diversas capitales de España hombres de talento y prestigio, que estudien los verdaderos intereses y aspiraciones de sus comarcas y los fundan en un plan de acción nacional, dejarán de existir esas entelequias o engendros de gabinete con que hoy se nos gobierna, y habremos entrado en la realidad política.

Yo soy regionalista del único modo que se debe serlo en nuestro país, esto es, sin aceptar las regiones. No obstante el historicismo que usted me atribuye, no acepto ninguna categoría histórica tal como existió, porque esto me parece dar saltos atrás. A docenas se me ocurren los argumentos contra las regiones, sea que se las reorganice bajo la monarquía representativa o bajo la república federal, sea bajo esta o aquella componenda debajo del actual régimen; encuentro demasiado borrosos los linderos de las antiguas regiones, y no veo justificado que se los marque de nuevo, ni que se dé suelta otra vez a las querellas latentes entre las localidades de cada región, ni que se sustituya la centralización actual por ocho o diez centralizaciones provechosas a ciertas capitales de provincia, ni que se amplíe el artificio parlamentario con nuevos y no mejores centros parlantes... Usted, que es vizcaíno, reconocerá que un parlamento vasco no les hace ninguna falta, teniendo como tienen diputaciones forales que no son focos de mendicidad como muchas de España, sino diputaciones verdaderas; yo, que soy andaluz, declaro que Andalucía políticamente no es nada, y que al formarse las regiones habría que reconocer dos Andalucías: la alta y la baja; el mismo Pi y Margall, en Las Nacionalidades, las admite.

Pero hay además una razón que de fijo le hará a usted mella. El valor de los organismos políticos depende en nuestro tiempo de su aptitud para dar vida a las reformas de carácter social, y ni el Estado, ni la Religión, ni ninguna de sus formas posibles, satisfacen esta necesidad de nuestro tiempo; el socialismo español ha de ser comunista, quiero decir, municipal, y por esto defiendo yo que sean los municipios autónomos los que ensayen las reformas sociales; y en nuestro país no habría en muchos casos ensayo sino restauración de viejas prácticas. El pueblo y la ciudad son organismos reales, constituidos por la agrupación de moradas fijas, inmuebles, y por lo mismo que son una realidad, podrían vivir independientes con ventaja y sin peligro. El peligro está en las instituciones convencionales, porque éstas, faltas de asunto real, divagan y caen en todo género de excesos.

No sé cómo hay socialistas del Estado ni de la Internacional; en España es seguro que la acción del Estado sería completamente inútil. Se darían leyes reguladoras del trabajo y habría que vigilar el cumplimiento de esas leyes: un cuerpo flamante de inspectores, es decir, de individuos que en virtud de una Real orden tendrían el derecho de pedir cinco duros a todos los ciudadanos que cayeran bajo su dirección. Un ministro muy formal, el Sr. Camacho, dijo que siempre que daba una credencial de inspector, creía poner un trabuco en manos de un bandolero. Y si para mayor garantía los inspectores eran de la clase obrera, entonces apaga y vámonos.

Les voy a contar a ustedes un cuento que no es cuento. Había en una ciudad, de cuyo nombre me acuerdo perfectamente, aunque no quiero decirlo, un orador socialista de los de espada en mano. Todos los abusos le llegaban al alma, y el que le llegaba más hondo era el de que se robase en el pan, «base alimenticia del pueblo». La idea del pan falto se le fijó en la mollera, y tanto fue y vino y tanto clamó y aun chilló, que el alcalde de la ciudad le llamó a su despacho, y después de una larga entrevista, en la que hizo gala de su amor al pueblo, a la justicia y a las hogazas cabales, le nombró inspector del peso del pan. Los panaderos faltones se echaron a temblar, excepto uno, el más viejo y socarrón del gremio, gran conocedor de sus semejantes, que dijo a sus compañeros: -»Ese es un ejambrío, y si queréis, yo me encargo de untarle la mano.» Así se hizo, y desde entonces ya no le faltaban al pan dos onzas, sino cuatro; las dos de costumbre y dos más para untar al «hombre nuevo». -Todo eso se remediaría, diría alguien, nombrando un inspector superior con título para que meta en cintura a sus subalternos. -Ese nuevo inspector, contesto yo, no sólo se dejará sobornar, sino que exigirá que le lleven el dinero a su casa y que le oseen las moscas o le saquen los niños a paseo. Y tantos inspectores podríamos nombrar, que ocurriese con las hogazas lo que con las caperuzas del cuento del Quijote; las habría tan chicas, que habría que comerlas con microscopio.

Mientras el mundo exista, habrá hombres listos que vivan sin trabajar a expensas del público y los golpes irán siempre a dar en la hogaza, es decir, en la realidad. Ensanchemos, pues, esta realidad para que vivan todos, los listos y los que no lo son. Y esto se consigue reservando parte de la propiedad para usufructo común. Comunidades benéficas, de pósitos, de disfrute de montes y de pastoreo, etc., etc., según las condiciones de cada municipio, a fin de que el vecindario tenga le seguridad de que, no obstante albergar en su seno un considerable número de bribones, éstos no impiden que todo el mundo coma, por muy mal dadas que vengan.

III

Muchas contradicciones hallará el lector en el programa de usted, pero yo sólo hallo una. La alianza que usted establece entre regionalismo, socialismo y lo que llama carlismo popular, suena aún a cosa incongruente, y sin embargo, es la fórmula política en la nueva generación y es practicable dentro del actual régimen. Municipio libre, que sirva de «laboratorio socialista» (la frase es de Barrés) y del cual arranque la representación nacional, que los electores tienen abandonada: una representación efectiva que sustituya a la ficción parlamentaria y una autoridad fuerte, verdadera, que garantice el orden y la cohesión territorial. Esta combinación da más libertad práctica que la actual centralización. Donde yo encuentro que usted se contradice es al enlazar su cristianismo evangélico con sus ideas progresivas en materia económica, y aunque yo no tenga gran afición a los problemas económicos, le diré también en este punto mi parecer.

Quiere usted vida industrial intensa, comercio activo, prosperidad general, y no se fija en que esto es casi indiferente para un buen cristiano. Pregunte usted a todos esos hombres que se afanan por ganar dinero y por cuyo bienestar usted se interesa, qué piensan hacer cuando tengan un gran capital, y le contestarán: «Darme buena vida. Comer mejor, tener buena casa y muchas comodidades; coche, si a tanto alcanza; divertirme cuanto pueda y (esto en secreto) cometer algunas tropelías». Los montes dan grandes gemidos para dar a luz un mísero ratón. No pienso molestarme jamás para ayudar a ganar dinero a gente que se mueva por rutina. Me es antipático el mecanismo material de la vida y lo tolero sólo cuando lo veo a la luz de un ideal; así, antes de enriquecer a una nación, pienso que hay que ennoblecerla, porque el negocio por el negocio es cosa triste.

Pero la sociedad no piensa como yo sobre el particular, lo reconozco. La sociedad piensa por comparación, y como hoy lo que priva es el dinero, todos se afanan tras él, sin considerar que acaso estarían mejor sin él. Hay quien se muere de repente al saber que le ha tocado la lotería y quien de hombre de bien se convierte en un mal sujeto, porque heredó cuatro ochavos y después de malgastarlos no quiere doblar la raspa. En suma, el valor del dinero depende de la aptitud que se tenga para invertirlo en obras nobles y útiles.

Se dice que la prosperidad material trae la cultura y la dignificación del pueblo, mas lo que realmente sucede es que la prosperidad hace visibles las buenas y malas cualidades de un pueblo, que antes permanecían ocultas. Si no se tiene elevados sentimientos, la riqueza pondrá de relieve la vulgar grosería y la odiosa bajeza; y en España, cuyo flaco es la desunión, si no inculcamos ideas de fraternidad, el progreso económico se mostrará en rivalidades vergonzosas. Hay familias pobres que se quitan el pan de la boca para dar carrera al niño, que salió con talento, y algunos de estos niños, en vez de ayudar después a los suyos para que se levanten, se apresuran a volver las espaldas. Yo conocí a un estudiante aventajado, hijo de una lavandera, que cuando se vio con su titulo de médico en el bolsillo, llegó hasta a negar a su madre. Algo de esto ocurre en nuestro país.

He estado tres veces en Cataluña, y después de alegrarme la prosperidad de que goza, me ha disgustado la ingratitud con que juzga a España la juventud intelectual nacida en este período de renacimiento; a algunos les he oído negar a España. Y, sin embargo, el renacimiento catalán ha sido obra no sólo de los catalanes, sino de España entera, que ha secundado gustosamente sus esfuerzos. En las Vascongadas sólo he estado de paso; pero he conocido a muchos vascongados; los más han sido bilbaínos, capitanes de buque, y éstos son gente chapada a la antigua, con la que da gusto hablar; los que son casi intratables son los modernos, los enriquecidos con los negocios de minas, que no sólo niegan a España y hablan de ella con desprecio, sino que desprecian también a Bilbao y prefieren vivir en Inglaterra. El motivo de estos desplantes no puede ser más español; es nuestra propensión aristocrática: en cuanto un español tiene cuatro fincas necesita hacer el señor; vivir lejos de sus bienes, contemplándolos a distancia y cobrando las rentas por mano de administrador.

De lo peligrosa que es esta manía, sírvanos de ejemplo lo que nos acaba de pasar. La cuestión cubana ha sido cuestión económica, como usted dice; pero lo que conviene también decir es que en ella no hemos sido tan egoístas como decían los Tirteafueras, que a cada momento nos reconvenían para no dejarnos comer a gusto. España no podía ser mercado para los productos de Cuba, pero le abrió el mercado de los Estados Unidos, ofreciendo a éstos en compensación ventajas que nadie ha querido tomar en cuenta, porque no hay peor ciego que el que no quiere ver. Era una reciprocidad por carambola con la que sólo conseguimos pasarle al gato la sardina por las narices. Pusimos la vida económica de Cuba en manos de la Unión, y ésta pudo entonces emplear su sistema de herir solapadamente y condolerse en público de la crisis cubana, del mismo modo que después alimentaba en secreto la insurrección y abiertamente se queja de sus estragos. Hemos repetido la prueba de El curioso impertinente con la circunstancia agravante de que el marido curioso del cuento tenía confianza en su mujer y en su amigo, en tanto que nosotros sabíamos que entre ellos mediaba cierta intimidad sospechosa.

En esta experiencia me fundo yo para que no vuelva España jamás a buscar mercados de préstamos para nadie ni a ligar el porvenir de ninguna región española a extrañas voluntades. Nuestra salvación económica está en la solidaridad, porque dentro de España se pueden formar con holgura los centros consumidores, exigidos por las industrias, que en la actualidad tenemos. Si las regiones que van logrando levantar cabeza, vuelven las espaldas al resto del país, despreciándolo porque es pobre, que lleven la penitencia en el pecado. Las colonias han detenido el desarrollo de España. Eramos una nación agrícola hasta hace poco y una nación colonizadora debe de ser industrial, para asegurar así el cambio de productos. España se transformó demasiado tarde y se quedó entre dos aguas, y en sustancia las colonias sólo han servido para crear industrias que necesitan del amparo del arancel y para retrasar el desenvolvimiento agrícola del país. La mejor solución, pues, en estos momentos, no será la proteccionista ni la librecambista, porque estas palabras son no más que fórmulas del egoísmo. Cada cual es proteccionista o librecambista según lo que compra o vende, no según sus convicciones doctrinales; lo mejor será, como he dicho, la solidaridad. Sin perjuicio de buscar salida al excedente de nuestra producción, lo que más debe de preocuparnos es producir cuanto necesitemos para nuestro consumo y alcanzar un bien, a que pocas naciones pueden aspirar: la independencia económica.

IV

Hay un punto en el que usted no está de acuerdo conmigo. Cree usted que el valor de las ideas es inferior al de los intereses económicos, en tanto que yo subordino la evolución económica a la ideal. No es usted tan lógico, sin embargo, que ponga los intereses materiales por encima de todo idealismo; hace usted una concesión en beneficio del ideal religioso. Y yo pregunto: ¿por qué no dar un paso más y decir que no sólo la religión, sino también el arte y la ciencia, y en general las aspiraciones ideales de una nación, están o deben de estar más altos que ese bienestar económico en que hoy se cifra la civilización?

Cierto que hay naciones que inician su acción exterior creando intereses, tras de los cuales vienen el dominio político y la influencia intelectual; pero España no es de esas naciones; nosotros llevamos el ideal por delante, porque ése es nuestro modo natural de expresión; nuestro carácter no se aviene con la preparación sorda de una empresa; la acometemos en un momento de arranque, cuando una noble ansia ideal nos mueve. Si hoy nos vemos totalmente derrotados (y la derrota empezó hace siglos) porque se nos combatió en nombre de los intereses, nuestro desquite llegará el día que nos impulse un ideal nuevo, no el día que tengamos, si esto fuera posible, tanta riqueza como nuestros adversarios. No es esto defender nuestro actual desbarajuste; hay que trabajar y acumular medios de acción, auxiliares de nuestras ideas; lo que yo sostengo es que nuestra acción principal no será nunca económica, pues por ella sólo seríamos imitadores serviles.

Dice usted, amigo Unamuno, que España fue a América a buscar oro, y yo digo que irían a buscar oro los españoles (y no todos), pero que España fue animada por un ideal. Durante la Reconquista se formó en España ese ideal, fundiéndose las aspiraciones del Estado y la Iglesia y tomando cuerpo la fe en la vida política. La fe activa, militante, conquistadora, fue nuestro móvil, la cual creó en breve sus propios instrumentos de acción: ejércitos y armadas, grandes políticos y diplomáticos; todo esto apareció sin saber cómo en una nación oscura y desorganizada, que algunos años antes, en el reinado de Enrique IV, era un semillero de bajas intrigas.

No debe confundirse el móvil individual con el de la nación. Una nación desarrolla de ordinario sus intereses en la misma dirección de sus aspiraciones políticas y los individuos se aprovechan hábilmente de esta circunstancia para servir a la vez a la patria y a su bolsillo particular. ¿Cuál ha sido el móvil de los Estados Unidos al promover la cuestión cubana? Se habla de sindicatos azucareros, emisiones de bonos y mil negocios de baja índole; pero lo cierto es que estos intereses han sido creados, porque responden a una aspiración política más elevada: la de extender la dominación política por toda la América del Sur, utilizando como medio seguro para adquirir prestigio la idea antieuropea expresada en la doctrina de Monroe.

Hace algún tiempo hablaba yo de este asunto con un centro-americano, quien me dijo estas palabras, que muy bien pudieran expresar el sentimiento de la América latina: -Nosotros vemos el porvenir muy oscuro, porque somos pocos para luchar contra los yankees; la idea de éstos es buscar un apoyo en las Antillas y otro en el Pacífico, abrir el canal de Nicaragua y crear una «línea de intereses comerciales». Todo lo que caiga por encima de esa línea quedará preso en las garras de la Unión. -¿Y no cree usted que antes de que llegue ese día la Unión se deshaga a causa de esos mismos intereses? -Todo pudiera ser; pero mientras tanto, lo cierto es que van adquiriendo casi toda la propiedad de Centroamérica y que por ese camino pueden llegar a ser los amos. -¿Y por qué no buscan ustedes el apoyo de Europa? Lo haríamos si Europa no tuviera colonias en América; pero mientras las tenga nos parecería un acto de sumisión acudir a quien sigue siendo nuestro señor. A los americanos les molesta el aire de colonos, que todavía tienen, y quieren abatir la supremacía de Europa en América; así, aunque comprendamos el juego de los Estados Unidos, no nos oponemos a él, porque lo hace en nombre de la dignidad personal de los americanos.

Por este ejemplo verá usted que aun aquellas naciones que parecen inspiradas por motivos más utilitarios van secretamente impulsadas por ideales sin los que no conseguirán jamás un triunfo duradero. España ha sido vencida como lo sería otra nación, Inglaterra misma, a pesar de su poder, porque luchaba no contra una nación, sino contra el espíritu americano, cuya expansión dentro de su órbita natural es inevitable. En cambio, nuestra victoria sería segura, a pesar de la postración aparente en que nos hallamos, si supiéramos dirigir nuestros esfuerzos hacia donde debemos dirigirlos. Hoy que tanto se inventa en materia de armamentos, no estará demás que inventemos nosotros un cañón de nuevo sistema, al que yo llamaría cañón X, cuya fuerza no esté en el calibre, sino en la dirección; un cañón que no dé fuego más que cuando apunte adonde debe apuntar.

Quizás en algún caso las fuerzas materiales puedan detener (nunca impedir en absoluto) la marcha natural de los sucesos históricos; pero mejor es que no los detengan, sino que, al contrario, coadyuven a la obra. La idea tiene en sí eso que llaman los médicos vis medicatrix, fuerza curativa interna, espontánea; herida en un combate presto se cura, y aun gana fuerzas para empeñar otro mayor, en el que vence. Esta idea, conciencia clara de nuestra vida y perfecta comprensión de nuestros destinos, hemos de buscarla dentro de nosotros, en nuestro suelo, y la hallaremos si la buscamos. Yo he hallado ya muchos rastros de ella, pero su descripción no cabría en este artículo ni en cuatro más. Por esto he pensado consagrar a tan bello tema un breve estudio, que hace meses está en la fragua y que le enviaré a usted cuando lo publique, para ver si logro atraerle a usted a mi terreno, a mi idealismo; será un librillo de poca lectura que pienso titular: Hermandad de trabajadores espirituales.

www.ingramcontent.com/pod-product-compliance
Lightning Source LLC
Chambersburg PA
CBHW061339040426
42444CB00011B/2994